달리..길

박건아 에세이집

목차

5	프롤로그
11	찰나
17	정동진 등명해변
43	문화의거리
63	동천 아랫길
83	안풍동 수동마을 망월정
101	6월 21일
105	별량면 수덕리
125	죽도봉공원
147	광양 고등학교
171	10월 1일
179	순천만
195	금산마을 까막골
205	조제
209	와온
219	매곡아파트
229	처음과 끝
242	에필로그

프롤로그

　수많은 사람들이 길 위에 있다. 어떤 이는 자신의 발걸음으로 백지 같은 벌판 위, 누구도 걷지 않은 길을 걸으며 발자국을 만들어가는 반면, 어떤 이들은 이름 모를 이가 앞서 걸었던 발자국 위로 자신의 발을 포개며 발가락 두어 마디쯤 비워 놓거나, 엄지발가락을 짓이겨 가며 그 흔적들에 자신의 발을 욱여넣는다.

　어쨌든, 나도 그랬다. 어디로 향하는지도 모르는 채 계속해서 걸었다. 이 길이 옳은 길인지 그른 길인지조차 알지 못했지만, 어쨌든 걷고 또 걸었다. 시선을 돌리지 않아도 내 주변을 빽빽하게 둘러싸고 있는 셀 수 없는 누군가들이 늘 그래왔던 것처럼, 나 또한 길을 걸었다.

　어렴풋한 기억 속에 조차 남아 있진 않지만, 내가 인생이란 것을 살아가게 된 이후로 나의 첫걸음마를 땐 곳은 아마 순천시 별량면 수덕리였을 것이다.

여름 한낮, 엊그제 내렸을 장맛비로 질퍽거리던 마당은 지구와 한껏 가까워진 태양 빛 덕분에 바싹 말라 버리고 불도가니처럼 뜨겁게 달궈져 있다. 구름 한 점 보이지 않던 오후의 하늘보다 파아란 대문, 10년 남짓 집 주위를 빽빽하게 에워 싸고 있던 사철나무, 그리고 사철나무 가지 끝마다 조밀하게 몽우리 져 있는 황백색 꽃잎들. 세월의 모진 풍파 덕분일까? 이제는 듬성듬성 비어버린 잎사귀 너머로 발목 언저리에 잠길 듯 말 듯 차오른 논물이 비친다. 논물은 잔잔한 호수처럼 바람결에 찰랑거리다가도, 하늘을 머금은 듯 푸르게 일렁이며 세상을 비추고, 깊게 뿌리박혀있는 벼들 주위로 치덕이며 밀려들다 쓸려나간다.

마당에 솟아있는 앙상한 가지 사이로 미적지근한 바람 한 줌 스며든다. 스며들어온 바람은 모르는 시절, 이름 모를 장소에 이름 모를 사람들의 말까지 고스란히 머금고서 마당 위를 쏘다닌다. 주인의 허락도 구하지 않고 몰아친 바람은 문설주에 발린 문풍지 곁으로 다가가 밥풀처럼 엉겨 붙어 웅웅거리다, 급기야 하소연하듯 시원한 무언가를 읊조리고서 달아난다. 텅 비어 있는 마당 위로 납작하게 엎드려 바르르 떨고 있는 자그마한 들꽃과 이름 모를 잡초들은 바람이 속삭이고 떠나간 알 수 없는 이야기 덕분에 몹시도 겁이 났는지 잎사귀 끝이 갈색빛으로 변해버린 듯 보였다.

바람이 스쳐 가고 남은 흔적일까? 마당 위로 어렴풋이 보일 듯 말 듯 한, 아주 자그마한 발자국 하나 찍혀있다. 발자국이라고 부르기 뭐할 만큼 흐릿해 보이는 그 흔적. 아마도 그 자국이 내가 걸었던 첫 길, 세상을 향한 첫걸음마였을 것이다.

처음으로 길이란 것을 만나고서 첫 발자국을 아로새겼던 그 길만을 걸었다. 단지 내 눈앞에 놓여 있었기에 그 길만이 옳은 길이라 생각하며 걸었다.

그러던 어느 날, 예기치 않은 순간 들이닥친 모래바람에 나의 길은 머뭇거릴 틈조차 허락하지 않고 혼돈에 집어 삼켜졌다. 사방에서 불어 닥쳐온 흙먼지는 나의 세상에 몰아치듯 쏟아졌고, 떨어지는 모든 것을 온전히 뒤집어 쓴 나의 색은 점차 본연의 모습을 잃고서 어둠에 잠식되었다.

급기야 나의 길을 앗아가 버린 그것이 급작스럽게 덩치를 불려간다. 하늘마저 집어 삼키려는지 더욱 거대한 폭풍으로 변한 그것이, 다른 이들의 발아래 놓여 있던 길들까지 삽시간에 먹어 치우고서 뭉쳤다 풀어지기를 반복하고 있다.

그 결과. 나의 길은, 우리 모두의 길은 혼돈해졌다.

사람들이 주인 없는 길 위에 서 있다. 시작을 잃어버린 그들의 발자국은 멈춰졌다. 가야 할 곳을 잃은 그들의 발걸음이 머뭇거리며 주위를 방황한다. 허나 흔들림도 잠시, 갈 곳 잃은 자신의 사정을 길 위에 격정적으로 토해내며 알 수 없는, 확신할 수 없는 누군가의 길을 다시금 걸어가려 한다. 잠시도 한곳에 머무르려 하지 않고, 쉼이라는 단어를 잊어버린 것 마냥 누구의 것인지도 모르는 길을 따르며 허우적거리고 있다. 자신의 길이라 확신할 수 없는 또 다른 길 위에 서서 습관처럼 발걸음을 포개며 앞으로 나아간다. 하릴없는, 무의미한 흔적들만 늘려간다.

모든 이들에게 있어, 그리고 나에게 있어 첫걸음은 행복이었고, 웃음이었으며, 커다란 축복이었다. 첫걸음은 슬픔이 아니었고, 아픔이 아니었으며, 시련도 아니었다. 그때 그 시절 첫 길 위에 찍혔던 발자국과 아름다웠던 시간을 이제는 추억하지 못하지만, 그 순간만큼은 누군가에게 가장 아름다웠을, 소중했을 시간이었음은 분명한 사실이다.

 만약, 지금에 와서 내가 처음으로 걸었던 길, 어린 시절 꿈꾸며 걸었던 그 길, 이제는 잃어버리고 기억조차 나지 않는 그 길, 처음이 어딘지 모를 정도로 뒤섞여 버린 그 길을 찾을 수 있다면, 나의 색을 찾을 수 있다면, 다시금 찾는다면, 그 길을 찾을 수 있고 그 길을 걸어갈 수 있다면. 과연 나는 지금보다 더 행복할 수 있을까? 이제는 오롯이 그 길을 따라 걸어갈 수 있을까? 한참에 시간이 흐른 지금이라도 이 전에 걸었던 나의 길들을 다시금 마주할 수 있다면, 추억이라 말하던 그날의 기억 속 걸었던 길들을 다시금 걷는다면, 나는 진정한 행복을 찾을 수 있을까?

 이미 단단하게 여물어 버린 줄만 알았던 나의 길 위로 또 한 번의 슬픔을 덧댄다. 그동안 몇 겹의 아픔을 덧댔는지, 앞으로 얼마나 많은 고통을 더 덧대야 하는지 가늠할 순 없지만, 나의 길 위에 쌓인 수많은 생각들과 켜켜이 내려앉은 다른 이들의 아우성, 사방에서 밀어닥치며 재촉하는 발걸음들에 형체를 알아보기 힘들 만큼 헝클어져 버린 나의 길 위로, 또 하나의 감정을 군더더기처럼 덧댄다.

 몇 번의 가을이 가고 겨울이 지나 다시금 봄이 왔다. 이제는 각자의 발걸음에 꾹꾹 눌려 땅속 깊숙이 밟혀 든 문장들을 찾으련다. 겨우내 얼어있던 길 위로 헤아릴 수 없는 빛의 작은 굴절들이, 하염없는 속삭임들이 나의 시선 끝으로 내려앉는다. 두 눈망울에서 투명한 빗물이 뚝뚝 떨어지듯, 밤하늘의 별처럼 아득한 봄의 기운이 세상 위로 쏟아진다.

봄. 이 싱숭생숭한 계절 덕분에 회색빛 돌덩어리처럼 굳어 버린 줄만 알았던 나의 마음이, 누군가 꾹 밟고 있는 것처럼 뭉개져 있던 나의 감정들이 조금씩 바스라진다. 강바닥에 쌓여 있는 모래알보다 더욱더 곱게 녹아내린다. 쉼 없이 녹아내리던 회색빛 감정들은 수많은 발걸음에 치이다 이제는 잉크처럼 진득해지고, 그리움 잔뜩 머금은 사연들로 종이 위 비어 있는 모든 공간 속에 농밀하게 젖어 든다.

우리들의 이야기와 무수한 사연들, 길과 길 사이에 얽혀 있는 각자의 사정들이 봄비처럼 아련하게 쌓여간다. 길 위로 은은한 햇살이 비처럼 방울져 내린다. 강둑 너머에 홀로 서 있는 수양버들 나무 위로 올올이 떨어지는 빛망울들은, 평소 짙은 초록빛을 풍기던 나뭇잎을 한없이 부드러운 연둣빛으로 바꿔 간다. 벚꽃이 허다하게 피어난 그곳에 어설픈 그늘 한 덩이 내려놓는다. 푸른 그늘 아래서 길 위에 쓰여 있는 너와 나의 진솔한 이야기에, 이제야 조심스레 귀 기울여 본다.

길 위에 쓰여 있는 나의 이야기. 수많은 길들의 이야기. 다양한 길 위의 사연들. 평소와 다름없는 발걸음. 길과 길 사이에 얽혀 있는 우리들의 이야기.

우리는 언제나 길 위를 걷는다.

찰나

 영국의 철학자 비트겐슈타인은 말했다. '내 언어의 한계가 곧 내가 지닌 세상의 한계다.'라고. 대부분의 인간은 평소 너무 많은 것들을 말하며 살아가지만, 정작 자신이 표현하고 싶은 것, 그 순간 앞에 다다랐을 땐 멍하니 말문이 막힌다. 평소의 나처럼.

카메라 액정을 통해 보여지는 세상은 더할 나위 없이 아름다웠다. 세상은 반으로 딱 자른 것처럼 두 개의 각기 다른 모습으로 변해있다. 하늘은 그렇다 치고, 내 시선 너머 허공을 떠다니는 외로운 중력들은 각기 다른 물질들과 반응이라도 하는 것 마냥, 수면 아래 잠겨 있는 구름들과 바람 소리에 꾸르륵거리며 번져간다.

외로운 중력에 이끌린 바람들은 흘깃한 눈짓으로 나의 이마 언저리를 잠시 바라보다, 더욱 잠잠히 허공 위에 머무른다. 일렁이는 노을빛이 물결 위로 눈꽃처럼 내려앉는다. 은은한 그 빛은 넘실거리는 너울 아래로 잔잔하게 부서지고, 물결치다 저 너머로 번져간다. 부스스하게 돋아나 있는 빛의 자국들은 여전히 눈부셨고, 내 눈동자 속에서 아스라이 반짝거리며 찬란하게 불타오른다.

내 시선의 끝과 시작, 그사이 애매한 공간 즈음으로 앙상하게 비어버린 나뭇가지들이 잔잔한 바람에 흔들린다. 불어오는 바람의 손길 덕분인지, 나뭇가지 끝자락에는 봄을 알리려는 듯 초록빛 몽우리가 돋아나 있다. 포근함에 이끌리어 강가로 다가서는 나의 발에 무언가 미끈한 것이 밟혀 든다. 자연스레 떨궈진 고개 아래로 보이는 바닥에는 이름 모를 풀과 잎사귀들이 빽빽이 자리했고, 매끄러운 풀밭 사이에서 메아리치듯 웅웅거리는 바람들은 스스럼없이 내 목덜미와 어깨로 밀려든다. 잔바람에 일렁이는 나의 본래 모습 너머, 은밀한 내면까지도 투영하려는 듯 짙게 밀려든다.

강으로 한 발짝 더 가까이 다가가다, 불어오는 바람에 어깨를 으쓱하고서 입고 있던 외투를 벗어 던졌다. 무언가 뿌듯하고 시원스러운지, 흩날리는 외투를 팔 안쪽으로 휘휘 감아 걸치고서 남자답게 어깨를 들썩거려도 본다.
 불과 몇 분 전까지만 해도 내가 머물렀던 세상은 그다지 풍요롭지도, 아름다웁지도 않았다. 다만, 빛살이 스며든 렌즈를 통해 액정에 비추어진 황홀한 풍경은 내 눈길을 끌고, 모든 이의 넋을 잃게 만들기 충분했다.

 찰나.

 허나, 이내 서글퍼졌다.

 불과 몇 분 전까지만 해도 내가 머물렀던 세상은 그다지 풍요롭지도, 아름다웁지도 않았다. 단순히 오늘 하루의 허기를 김밥 한 줄로 채웠기 때문은 아니다. 단지 지금의 시간이 더디게 흘러가기만을 바랐다. 랄까.
 카메라에서 눈을 뗀 순간, '찰나'는 노을빛 한껏 머금고서 내 곁을 스쳤다 어딘가로 떠밀려가는 강물처럼 순식간에 사라졌다. 석양에 흠뻑 적셔진 채로 그 찰나에 멍하니 머물러 있던 나는 사방을 두리번거렸지만, 그 시간은 어딘가로 흘러가 버렸는지 흔적조차 찾을 수 없었다.

 어느덧 하늘과 강물은 어두움에 녹아내려 경계조차 흐릿해지고, 그 흐릿한 경계 위로 비스듬하게 일렁이는 바람결 덕분에, 자꾸만 기울어져 가는 나만의 아픔은 하소연하듯 저편으로 흘러내린다. 어지러이 흔들리는 가지들, 멀어지는 자동차의 요란한 바퀴 소리, 먹먹한 공간들에 또 한 번 조용한 하루가 사그라든다.

철 모자라던 그 시절, 20년 전 즈음의 하루는 천천히 흘러갔을 것이다. 그때의 나는 손을 꼽아가며 줄어드는 날짜를 세었다. 하루는 길었고 숫자는 느리게 줄어들었다. 별다른 이유 따위는 없었다. 단지 서둘러 어른이 되고 싶었을 뿐, 아마 그랬을 것이다.

허나, 너무하다 싶을 정도로 넘겨지지 않던 하루는 알 수 없는 나이를 기점으로 심각할 정도로 빠르게 지나갔고, 급작스러울 정도로 스쳐 가는 하루는 미련이 남기도 전에 서둘러 잊혀져 갔다. 하루가 가고 이틀이 지날수록, 내 젊음의 나날들이 하나둘 지워져 갈수록 두려움은 커져만 갔고, 남아있는 내 젊음의 시간이 점차 기울어져 갈수록 두려움은 어둠보다 더욱더 검게 짙어져 갔다.

오늘의 시간이, 기억들이 뜨거운 사막 위에 피어나는 신기루처럼 허공에서 일렁이다 홀연하게 사라지고 지워져 간다. 느리게 가기만을 바라는 지금의 하루가, 아름다웠을 내 청춘, 찰나의 순간들이 흩날리는 풀잎과 함께 멀어지고 뭉개져 간다. 인생이라는 무거운 단어 앞에서 애를 써 보지만, 파도 앞 모래성이었다. 허망한 흔들림에도 아주 쉽게 허물어지는 모래성. 나의 삶이 그러했다. 모두에게 솔직했으나, 모두에게 당당할 수는 없었다. 언제나 내 눈앞에서 부서지는 것은 저 파도인데, 언제나 무너지는 것은 내 마음이었다. 오늘도 나락으로 떨어진 것 같은 내 인생이 물거품에 잠긴 채 저 멀리로 휩쓸려간다.

멍하니 머물러 있다. 다리에 감도는 물의 촉감이 느껴진다. 미간이 찌푸려진다. 이마 위로 선명한 줄이 딱 3개 그어진다. 여전히 눈을 뜬 잠깐에 하루가 시작되고, 눈을 감는 순간에 하루가 잊혀지지만, 이제는 하릴없이 하루가 느리게 흘러가기만을 바랄 뿐이다. 나의 시간이 더욱더 더디게 지나가기를 바랄 뿐이다.

고개를 들어 하늘 아래 비치는 내 얼굴을 마주한다. 여전히 초라한 내 모습이 더욱 현실적으로 다가왔다. 마음은 방향을 정하지 못하고, 구름 사이에서 부서지는 별빛처럼 사방으로 흐릿하게 퍼져나간다. 더욱이 흔들린 감정들은 내 눈을 가리고, 앞을 가로막고, 주변의 모든 것을 휘젓는다.

젖은 수의가 처덕처덕 몸에 감긴 듯 온몸이 무겁다. 초점 잃은 눈은 떨어진 석양의 흔적만 하염없이 들여다본다. 오늘따라 마음의 교감을 함께 했던, 진중하지만 무겁지 않고 잔망스럽지만 가볍지 않은 대화를 이어갔던 상대가 더욱 그리웁다.

정동진 등명해변

　답답하다. 어딘가로 떠나고 싶다. 지금이라는 시간에서 도망쳐 아무도 모르는 곳, 어딘가의 끝에 다다르고 싶은 마음이 들었다. 잠시 잠깐 멍하니 풀린 눈으로 텅 비어 있는 하늘을 바라본다. 앙상한 나뭇가지 끝에 나와 꼭 닮은 처연한 바람이 머물러 있다. 그리고 언제나 그랬듯 길을 걸었다. 일단은 떠나기로 마음먹었기에 무작정 정동진행 기차표를 사고, 애잔한 발걸음을 옮겨 기차에 몸을 실었다.

　한없이 흔들리는 기차의 창문에 머리를 기대고서, 초점 없는 눈길 너머로 끝없이 스쳐 가는 산과 강을 바라본다. 기차는 마치 땅속을 기어 다니는 지렁이라도 되는 듯, 느릿하게 깊은 골짜기 사이와 어두컴컴한 터널 속을 헤집으며 끝을 향해 나아갔다.
　어디서부터 시작됐는지는 잘 모르지만, 선로를 따라 써걱거리는 갈대가 점차 풍성해지기 시작했다. 기차를 타고 낯선 여행을 떠나는 이들을 앞다투어 반기기라도 하듯, 공기를 가르며 지나가는 기차의 움직임에 따라 격정적으로 손 인사를 보내는 갈대들.

듬성듬성 자리를 채워 앉은 승객들은 핸드폰을 보거나, 잠을 자느라 갈대 따위엔 관심조차 없는 듯 보였다. 기차가 갈대들의 옆을 스쳐 갈 때마다, 갈대의 속삭이는 음성이 귓가에 맴도는 것처럼 느껴진다. 창문 위를 윙윙거리며 '방황하지 말고 어서 집으로 돌아가'라며 외치는 듯, 그렇게 느껴졌다.

언제나 우리네 주변에는 아주 훌륭한 사람들이 수없이 머물러 있다. 최고의 멘토와 지식인, 쉽게 접할 수 있는 SNS 명언 등등. 그리고 그들과 그것들은 언제나 애정 섞인 말투로 우리네 어깨를 아무렇지 않게 툭툭 두드리고는 이렇게 말한다.

결과에 근접해 가는 것 또한 성장하기 위해 필수로 거쳐야 하는 과정이며, 그 과정 없이는 성공할 수 없고, 눈앞을 가로막고 있는 벽을 뛰어넘을 수도 없다. 오랫동안 인내와 좌절과 기다림, 괴로움, 절망, 슬픔, 낙망, 패배, 고통, 실패, 포기 따위의 다채로운 감정들을 겪은 후에라야 성공이란 것을 간접적으로나마 경험할 수 있고, 그러한 경험들을 쌓고, 쌓고, 또 쌓다 보면, 더 큰 성공을 일구어낼 수 있다. 라는 말들을 진심으로, 이런 말을 해도 되냐며 아주 조심스레 묻고서 진지하게 내뱉곤 했다.

허나 그들이 말하는 성공이란, 나의 기준이 아닌, 다른 이들의 눈에 비친, 나 이외의 사람들이 기준이 되어 오직 그들의 눈에 비친 성공만을 정답이라 여기는, 나의 바람으로 걸어온 모든 과정과 노력조차 그들이 원하는 성공이란 길과 거리가 멀다면 아무것도 아닌 것으로 여겨지는, 그렇게 여겨지는 지금의 세상에서 나의 처절한 노력은 나를 어디로 이끌어 갈까? 그들이 말하는 성공에 다가설 수는 있는 것일까?

　나는 그랬다. 항상 그랬다. 언제나 스스로의 생각 따위론 절대 해결될 수 없는 문제들을 머릿속 중심에다 한 뭉텅이 던져 놓고 고민하고 또 고민했다. 물론, 그러한 행동을 즐기지는 않았지만, 고민하는 행위 또한 멈추지도 못했다.

　더욱이, 머릿속 어디쯤에서 끊임없이 생겨나는 답 없는 질문들, 쉼 없이 이어지는 수만 가지 내적 물음들은 나에게 언제나 명확한 해답을 원했고, 간혹 그 질문에 명쾌하다 느낀 답변을 스스로 제시하더라도 정작 나 스스로에게 뚜렷한 결과물을 내보이지는 못했다. 행여나 문득 떠오르는 이런저런 생각들의 모퉁이 끝을 부여잡고 흔들어 대다 보면, 언젠가는 내 삶에 대한 힌트라도 얻을 수 있지 않을까 기대했고, 그저 항상 행해왔던 대로 머릿속에 떠오르는 것들에 대해 생각하고 대꾸하며 스스로의 정신을 억죄었다.

　그동안 힘든 일을 겪고서 슬퍼해야 함에도, 그 슬픔이 과연 내가 누리기에 합당한가에 대한 질문을 던진다. 오랜 기간 쉬지 않고 숨 가쁘게 달려왔던 때조차도 잠깐의 휴식을 얻기 위한 또 다른 조건을 내걸었고, 아무것도 하지 않았던 과거의 나를 상기 시키며 힘들어할 자격이 없다 말했다.

　겪었던 과거의 경험을 부질없다 여기며, 거울 앞에 놓여있는 자신에게 한심하다 채찍질하였고 힐난하고 질타했다. 내가 겪는 지금의 모든 상황은 내가 자초한 일이고, 이전에 했던 행동이 결단코 합리적이지 않았다며 지속적으로 나의 사정을 부정했다. 심각하게 갈라져 있는 나의 자존감을 위로하기는커녕, 생각을 거치지 않고 신경질적으로 뱉어지는 옳지 못한 문장과 단어들을 나의 가슴 위로 바쁘게 쏟아냈다. 군데군데 심각하게 갈라지고, 말라비틀어진 거북이 등껍질보다 조악해 보이는 나의 자존감을 부수고 박살 내기 위해 자책감이라는 조잡스러운 망치질을 숨 쉬듯 퍼부었다. 나조차 무엇인지 모르는 성공을 이루기 위해 수 없이 같은 행동을 반복한 결과. 어느덧 나의 심장은 시꺼먼 멍으로 가득 차올랐고 박살 나 버렸다.

 옅게 벌어진 입술 사이로 힘없이 새어 나온 한숨들을 쌓는다. 언제나 그랬듯, 백만 서른 마흔다섯 번 즈음 내뱉어진 한숨 한 줌 끌어모아 나의 양발아래로 차곡차곡 쌓아간다. 처음에는 가슴속 답답함을 없애고자 깊은 한숨을 발아래로 차곡차곡 쌓아갔다. 한숨 한 칸에 설움을 내려놓고, 한숨 두 칸에 근심을 뱉어내고. 나도 모르게 나직이 새어 나온 한숨들을 습관처럼 쌓아갔다. 더 노력하지 않은 나의 모습과 능력을 키우지 않았던 과거의 모습들에 다시금 한숨이 나온다. 언제나 거짓과 죄악을 일삼는 나의 모습에 한숨은 더욱 빠르게 쌓여 갔다.

 한숨이라도 차곡차곡 쌓아 놓고 그 위를 밟아 설 수 있다면, 그럴 수만 있다면 지금보다 더욱 먼 곳을 바라볼 수 있을까? 생각했다. 허나, 발아래 낮게 깔려 있던 한숨들은 누구도 모르는 사이 거대한 탑으로 변해 있었고, 내 마음속 모든 답답함 들과 더불어 나를 주저하게 만드는 강력한 벽으로 변질되어 갔다.

이제는 뱉어진 한숨들이 내 앞을 가로막다 못해, 내 어깨 위로 두텁게 내려앉는다. 가슴속에 더 이상 쌓일 곳이 없는지 어깨뼈와 살덩이마저 짓이기며 무서운 속도로 쌓여 간다. 축 처진 어깨 위로 쌓이던 한숨들을 떨쳐 내려 열심히 달려도 봤다. 허나, 심장이 폭발할 것 같은 뜀박질에도 어깨 위에 뿌리내린 듯 깊숙이 박혀 있는 한숨들은 뿌리쳐지지 않았고, 나를 더욱 깊은 죄의식의 수렁으로 인도하는 길잡이라도 되는 것 마냥 칠흑보다 더욱 깊은 어둠 속으로 나를 이끌어간다. 그것들은 쉬이 끌고 갈 수 없는 멍에였으며, 끊을 수 없는 고삐였다.

　나는 또 한 번 생각 한다. 이런 내가 이 전과는 다르게 살아간다고 어떠한 결과물로 만족할 수 있을까? 정처 없이 흘러만 가는 시간 속에 나를 대면할수록 안정은 멀어져 가고, 감정은 더욱 지쳐만 갔다. 언제부터인가 이런저런 상황과 조건에 내 감정과 욕구들을 하나둘, 땅속으로 파묻어 버렸다. 다시 꺼내달라고 버둥거릴 기운도 없는지, 던져진 그것들은 깊은 구덩이에 한껏 달라붙어 널브러져 있다. 바닥에 들러붙어 있는 만큼 하늘은 높아만 보이는지, 저 아래에 잠겨 있던 감정과 욕구들이 나에게 묻는다. '언제쯤 하늘에 닿을까?' 건네지지 않은 무력한 물음이 구덩이에서 메아리친다. '생각은 생각할수록 생각이 나는 것이기 때문에 생각을 하지 않는 것이 좋은 생각이라고 생각한다.'라고 어떤 이는 말 한다. 이러한 순간까지도 내 머릿속에 정답 없는 질문들이 튀어나와 나의 정신을 뒤흔들지만, 어찌 됐건 그 모든 것들의 결론은 단 하나. 이전과 마찬가지로 힘겹게 마음을 다잡고서, 또다시 나의 손위로 붉게 물든 채찍을 건넨다.

창가에 붙어 앉아 기차 밖으로 펼쳐지는 풍경들을 멍하니 바라보며 맥주 캔을 하나둘 비워간다. 점점 더 어두움으로 물들어가는 광활한 하늘과 지평선 끝자락 즈음에서 시시각각 불타오르며 지워져 가는 구름의 얼룩들, 석양에 반짝이는 나뭇잎의 무늬, 기찻길 옆에 피어 있는 이름 모를 풀들의 빛깔들이 기억되지 못하는 무의식의 저편으로 의미 없이 넘겨지고 또 지나쳐 간다. 기차는 점차 속도를 높여 가고, 차창 밖 시간은 이곳과는 다르게 더욱 빠른 속도로 흘러간다. 점점이 자리하던 가로등 불빛은 어느새 하나의 선으로 이어졌다 끊어지기를 수 없이 반복한다. 가로등 너머로 간간이 자신을 비추던 들판 위, 내 눈길이 머물렀던 그곳에 이전의 미련들을 글로 새기고, 밀려 나간 공간 너머로 흘려보낸다. 아침 해가 떠오르는 것처럼, 저녁달이 차오르는 것처럼, 시간의 흐름에 나를 맡기고 다시금 시간의 흐름에 기대어 본다.

그러다 잠잠히 세계를 맴돌고 있는 바람의 소리에 귀를 기울인다. 바람이 나에게 말을 건넨다. 철길 주위로 무성하게 피어나 슬픈 듯 날렵하고, 처연한 듯 소박해 보이는 꽃 한 송이. 그게 바로 우리네 인생이란다.

청량리에서 출발한 정동진행 열차는 이른 새벽이라 말하기에도 무척 이른 시간에 나를 목적지로 안전하게 옮겨 놓았다. 기차의 내부는 긴 잠에서 깨어난 뒤 설렘에 부풀어 서둘러 짐을 챙기는 사람들의 웅성거림으로 가득했지만, 창밖으로 비치는 정동진역의 풍경은 바닷가 앞이라고 하기 무색할 만큼이나 고요했다. 나 또한 알코올 기운 덕에 몽롱했던 정신을 느릿하게 주워 담고서 기차가 멈추기를 기다렸다.

기차의 문이 열리는 순간, 왁자지껄 떠들어 대는 다른 이들의 부산스러움은 뒤로한 채 나의 코끝으로 희미한 바다 내음이 밀려드는 듯했다. 바다 내음까지는 아니더라도, 문틈 사이를 비집고 들어온 차가운 바람 덕분에 기차에 가득 차 있던 시큼한 땀 냄새, 오래된 의자에서 은근하게 풍겨지던 묵은 냄새가 조금은 가신 것도 같다.

이곳에서 느끼는 새벽의 향기는 적막이었다. 세상을 이상하리만치 고요하게 만들고서 한없는 평화로움을 간직한 듯, 정동진의 새벽은 아름다웠다.
새벽으로 가득 차 있는 정동진역은 흔히들 마주하는 아침의 풍경과는 당연한 듯 달랐다. 역사 주변에는 주황색 가로등이 빼곡히 들어차 자신의 자리를 지키고 있었지만, 가로등 너머 어둠으로 가득 차 있는 모든 공간은 빛이 있는 이곳과 대조되게 음산스럽고 을씨년스러운 풍경을 만들어 냈다. 어쨌든, 어둠이 두텁게 내려앉은 이곳은 햇살이 찬연하게 떨어지던 낮과는 전혀 다른 공간이었고 사방은 칠흑처럼 무거웠다. 고갤 들어 쳐다본 하늘은 나의 앞날처럼, 공허한 어둠 외에 아무것도 보이지 않았다.

한편으로는 사방을 감싸며 내 주위를 덮고 있던 어둠이 통상적으로 생각되는 그런 어둠과는 사뭇 다르게 느껴지기도 했다. 공간을 억죈다거나, 답답하게 만들고 숨 막힐 정도로 공포스러운 어둠이 아닌, 나의 몸을 가볍게 휘감으며 포근함으로 깊은 안식을 선물해 주는 따스한 침묵처럼 느껴졌다. 랄까.

그 순간, 기차에서 내리려던 발걸음을 멈추고 나에게 스스럼없이 다가오는 어둠에게 깊은 포옹으로 인사를 건넨다. 기차 밖은 사진을 찍으며 주변에 머무르고 있는 사람들의 호흡 덕분에 눈발 같은 뽀얀 안개가 피어나 있었고, 지금의 시간을 더욱 몽환적으로 만들었다. 이런저런 생각들로 어둠이 건네는 고요함 속으로 막 빠져들려는 찰나, 내 귓가에 별의 숨결이 들려오는 듯했다.

"아저씨. 길 막지 말고 빨리 내려요."

바다에서부터 밀려오는 진득한 물안개는 가로등의 붉은빛 아래로 희뿌옇게 번져와 희미하고 흐릿한 빛의 파장을 만들었고, 아지랑이 피듯 눈앞에서 일렁거리며 지금에 머물러 있다. 그 일렁임이 어느새 나의 눈동자 속으로 안온하게 번져 든다. 장시간 이동의 피로 때문에 메말라 있던 내 눈동자를 촉촉함과 아늑함으로 적셔온다.

이게 지금 하는 하려는 이야기의 첫 시작이다. 지금까지가 서론이었다. 서론이 무지하게 길었지만, 그날에 내가 느꼈던 감정들이 지금의 나를 존재하게 만들고, 성장할 수 있게 이끌었던 가장 큰 원동력이 되었던 것 같다. 또한 그 길을 처음 마주했던 날, 나의 최애였던 그 공간에서 아름다운 인연들을 만났고, 그때에 우연히 연결된 인연의 끈 덕분에 나는 여러 해 동안 끊임없이 정동진을 방문할 수밖에 없었다. 해가 거듭될수록, 그 인연들과 아름다운 추억들이 나날이 쌓여갈수록 나는 이곳을 방문하지 않으면 살 수 없는 사람이 되어 갔다.

어쨌든, 첫 기억 이후로 많은 시간이 흐른 지금. 그날에 내가 상상했던 미래와 지금 내가 겪고 있는 현재는 얼마나 닮아 있을까? 문득 궁금증이 밀려왔다. 내 영혼의 고향이라 말하는 그곳을 처음 방문했을 때의 여정도 뒤돌아보며, 그 길을 다시금 걷기 위해 그곳으로 향했다.

해가 떨어진 바닷가 해안도로는 생각보다 훨씬 고요하다. 듬성듬성 불을 밝히고 있는 가로등 사이로 고요한 파도 소리만 울렁이고, 간간이 머무르는 자동차의 움직임은 찰나에 불과했다. 처음의 기억은 기차였지만, 그 이후로 기차를 타고 강릉을 방문하지는 않는다. 시간이 너무 오래 걸린다. 차가 편하다. 순천과 강릉 사이 7시간이라는 거리가 이제는 지척으로 느껴지는 건 아마 기분 탓이겠지? 나 혼자 운전해서 오면 죽을 것 같다. 사실이다. 너무 힘들고 고달픈 일이다. 언제나 이곳을 방문하기 전 계획을 세웠다. 운전을 할 수 있는 사람 3~4명과 꼭 함께 오겠다고. 항상 그랬다. 한번이라도 그렇게 생각을 하지 않은 적은 없다. 하지만 지금껏 생각대로, 계획대로 이뤄진 적 또한 단 한 번도 없다.

나는 운전을 별로 좋아하지 않는다. 근데 운전 말고 내 마음대로 되는 것은 하나도 없다. 오른쪽으로 가고 싶으면 오른쪽으로, 왼쪽으로 가고 싶으면 왼쪽으로 간다는 것. 내가 하고 싶은 대로 되는 것은 운전 말고는 하나도, 결단코 아무것도 없었다. 뭐 슬픈 이야기는 이쯤에서 그만하기로 하고. 무튼 어찌어찌 늦은 시간에 나는 강릉에 무사히 도착했고, 나의 인연들과 정겨웠던 만남을 서둘러 마무리하고서 일찍 잠자리에 들었다. 내일의 일정을 위해.

여명 무렵, 동쪽 수평선 너머 아늑한 저편에서 뜨겁게 일렁이던 태양 빛을 나의 두 눈으로 맞이하고 뒤돌아서 도로 위를 걸었다. 어느덧 순식간에 해는 떠오르고, 태양은 차갑게 식어 있던 도로 위로 깨끗한 빛의 흔적들을 쏟아냈었다. 오늘은 아니고, 그때는 그랬다.

물론 당연히 그때와 같은 시간대에 이 길을 걷고 싶었지만, 그러기엔 나의 귀차니즘의 힘이 너무도 강력하다.

무튼, 한참은 애매한 오후 무렵부터 집을 나서 길을 걷기 시작했다. 오늘은 날이 좋다. 선선하게 불어오는 바닷바람이 기분 좋은 부드러움으로 나의 등을 두드리며 흘러간다. 가벼운 발걸음으로 몇 해 전에 걸었던 그 길을 조심스레 밟아간다.

나는 걷는 것을 그리 즐기는 사람은 아니다. 몇 해 전, 해안가를 따라 캠핑을 하며 제주도를 걸었던 적이 있다. 오른쪽으로 한 바퀴, 왼쪽으로 한 바퀴. 완주하고 나서 다시는 내 인생에 이렇게 많이 걸을 일은 없을 것이다. 생각했지만 또 몇 해 전, 158일 정도 해외여행을 다녀온 후, 이제 정말 두 번 다시는 길을 걷지 않겠다. 다짐도 했지만, 또다시 길을 걷고 있는 '나'. 앞으로도 수많은 길을 걸어야 하는 '나'. 왜 이러한 삶을 살아가고 있는지 정말 궁금한 '나'. 그러한 여러 명의 '나'와 함께 또다시 길 위를 걷는다.

수많은 '나'가 있다. 물론 지금껏 살아오며 많은 생각들을 했던 '나'는 동일한 하나의 '나' 이지만, 각기 다른 '나'들이 수 없이 존재해 왔다. 다중인격을 다룬 영화 '아이덴티티'와 같은 다중 인격을 말하는 것이 아니라는 건 구지 설명을 하지 않아도 다들 이해할 것이라 믿어 의심치 않는다.

중학교 시절의 '나'와 고등학교 시절의 '나'. 이 전에 이 길을 걸었던 '나'와 지금 이 길을 다시금 걷고 있는 '나'는 다르면서도 같은 그런 '나'이기 때문이다. 그날의 '나'가 느꼈던 감정과 기분, 지금의 '나'가 느끼는 기분과 감정이 전혀 다른 것처럼. 지금의 '나'는 그렇다고 생각한다.

나의 이런저런 여행 이야기를 들은 몇몇 사람들은 나에게 이렇게 묻는다. 어디가 가장 좋았어요? 어느 곳이 가장 아름다워요? 나는 그들의 물음에 쉬이 답을 내리진 못한다. 그날의 분위기와 몸의 컨디션, 날씨, 함께 한 동행 등등 장소에 대한 직관적인 아름다움을 헤치거나 방해하는 요소들은 우리 주위에 너무나 즐비해 있기에.

지금의 내 기분이 그렇다. 물론 처음 이 길을 걸었을 때는 2013년 11월의 어느 날이었고, 지금은 2021년 3월이었기에 날씨와 분위기적 차이가 분명히 존재하는 것이 당연하지만, 이렇게 길이 불편하고 아름답지 않았을 줄이야. 나의 머릿속 아름다웠던 추억의 길은 이제 더 이상 존재하지 않았다.

도로를 걷는다. 사람 몸뚱이 하나 겨우 지나갈 정도로 비좁은 공간, 이곳이 내가 유일하게 안전하다 느끼며 걸을 수 있는 공간이다. 멀리서 육중한 바람이 밀려오는 게 느껴진다. 그 바람은 위태롭게 나의 등 뒤에 부닥치며 내 어깨를 깻잎 2장 차이로 스쳐 지나간다. 등골이 오싹해진다. 그리고 뒤로 돌아 지금껏 걸어왔던 길을 다시금 확인한다. 한숨이 절로 새어 나온다. 이제는 돌아가기에는 너무도 멀리 와버린 듯하다.

어쩔 수 없이 위태로운 길 위를 계속해서 걷는다. 등 뒤에서 나를 집어삼킬 듯이 달려오는 자동차 운전자들에 마음의 소리가 느껴진다. 아니, 정말로 그들의 목구멍에서 쏟아졌는지, 나의 고막을 통해 내 전두엽으로 그와 나 사이의 공간을 울리는 음파의 진동이 전해지고 있다.

"이 꽃 같은 존귀한 자녀야!!! 여기를 걸어 다닐 정신 있으면 시베리아 벌판에서 귤이나 까!!"

라고 말을 하진 않았겠지? 아무튼, 나의 옆구리를 날카롭게 베고 지나가는 자동차들 덕분에 이전에 이곳에서 느꼈던 길의 감성에 빠져들 정신 따위는 신발 앞코에 치이는 돌멩이보다 처량하게 어딘가로 차여 나갔고, 너무도 위험하게 느껴지는 지금의 순간이 나의 모든 것을 더욱더 애처롭게 만들었다. 7~8년 전 즈음 그날의 추억에 젖어 이 길을 걷고 싶었지만, 등골에서 새어 나오는 육수 덕분에 흠뻑 젖은 맨투맨만 처덕처덕 등허리에 들러붙어 나의 온몸에 질척거리고 있다. 역시나 이런 것이 현실이구나, 다시금 절실히 깨닫는다.

한참을 걸어도 나의 오른쪽 어깨 너머에 분명히 존재하는 바다는 코빼기도 비치지 않고, 나름 빽빽하게 들어차 있는 소나무들의 틈바구니로 희미한 흔적조차 내보이지 않았다. 먼 시간의 지루함을 달래기 위해 주머니를 뒤져 이어폰을 꺼내려 했다. 허나, 어디에나 버려두고 다니는 나의 정신처럼, 항상 집에 두고 나오는 개념처럼, 똑똑스럽게도 이어폰을 챙기지 않은 '나'. 그러려니 하고 계속해서 길 위를 걷는다.

강릉이라는 지명과 더불어 많은 사람들이 두루 알고 있는, 강릉을 표현하는 또 다른 단어는 솔향이다. 예로부터 강릉의 허다한 바닷가 주변에는 소나무가 많이 자라있고, 대대로 소나무를 많이 키웠다고 전해 전해 들었다. 그 후로 마음의 평안과 휴식을 주는 소나무의 이미지를 통해 강릉의 가치를 표현하려 '솔향 강릉'이라는 이름을 붙였다고 한다. 이 어찌 순천과 닮아 있지 않다 말 할 수 있겠는가. 물론 강릉의 슬로건은 '솔향, 바다향, 커피 향, 그리고 당신의 향기.'라고 하지만, 어쨌든 '이곳은 소나무가 많이 심겨 있는 자연 친화적인 공간이다.'라는 게 가장 큰 핵심 포인트 아닌가? 그와 마찬가지로 순천 또한 이런 자연의 모습을 진실하게 보여주는 슬로건을 가지고 있다.

'순천은 도시가 아니라 정원입니다.'

진득한 솔향이 오른쪽 어깨 너머에서 일렁이는 파도에 밀리어 바람결에 담겨 온다. 고 생각하자. 한껏 가슴을 부풀어 뜨려 내 몸 가득히 푸릇한 향기를 채워 담고 보듬어본다. 은은한 커피향기도 실려 오는 듯하다. 도로를 밀어내는 발걸음이 조금씩 빨라진다. 희미하게 보일 듯 말 듯 한 푸르름에 이끌리듯, 한순간 몸은 앞쪽으로 쏘아진다. 그곳에 가면 무언가 존재한다는 확신 덕분에, 지루함으로 힘을 잃어가던 비루한 몸뚱이도 잔잔한 흥분감으로 물들어 갔다.

나는 지금껏 살아오며 물에 빠져 죽을 뻔한 적이 2번 있었다. 초등학교 시절 수영을 못하시는 어머니의 영향으로 순천 로얄프라자 꼭대기에 위치한 수영장을 다녔다. 그때에 2개월 남짓 습득한 얕은 수영 실력은 당연스럽게도 자그마한 어린아이의 가슴속에 어마무시한 자만심을 가득 채웠고, 어쭙잖은 실력이나마 부모님에게 뽐내고 싶어 하는 치기 어린 아이의 습성을 온전히 내포하고 있었다. 그리고 나의 실력을 뽐낼 기회는 그리 멀지 않은 순간에 찾아왔다.

햇빛은 쨍쨍 모래알이 반짝이는 어느 무더운 여름날. 부모님, 막내 삼촌과 더불어 우리 식구는 저기 저 멀리 이름도 유명한 그 계곡으로 야영을 떠났다. 정확한 위치는 내 기억에 남아있지 않다.

나의 눈앞에 펼쳐져 있는 계곡은, 계곡이라는 이름이 무색할 정도로 드넓은 호수처럼 보였다. 저 멀리 바위틈 사이에서 얇실하게 떨어지는 물줄기만 아니었다면, 계곡이라 생각할 수 없을 정도로 그곳은 넓고 광활했다. 물론, 지금 그곳을 방문한다면 이날의 느낌처럼 거대하다 느낄지, 아닐지는 잘 모르겠다. 어쨌든 희미한 기억 속에 남아있는 느낌으로 그 계곡은 코끼리보다 훨씬 더 컸다.

계곡 주위를 빙 두르고 있는 울창한 나무 그늘 아래 둘러앉은 어른들이 저마다 챙겨온 음식들을 즐기고 있다. 수박이나 다른 과일 또는 맥주병과 소주병을 손에 들고 바위에 걸터앉아 발장구를 치는 사람들, 또 다른 이는 산에서 불어오는 바람을 맞으며 커다란 보트 위에서 유유자적 신선놀음을 즐기고 있다. 호수만큼이나 커다란 계곡 위로 포근한 나무 그늘이 한 꺼풀 덮인다. 물웅덩이 주위를 두르고 있는 짙푸른 나무들은, 바람의 손짓에 일렁이며 시원한 그늘을 부채처럼 펄럭인다. 더위에 지치고 세상에 치인 사람들 모두에게 시원하고도 포근한 무언가를 전하려는 듯.

무튼, 그날이 나의 수영 실력을 많은 이들에게 뽐낼 수 있는 절호의 기회라 생각했다. 다만 미처 내가 알아채지 못한 부분이 있었으니, 사람들의 웅성거림이 잔잔하게 깔린 계곡 언저리 부근에는 투명한 물빛이 자신을 반짝이며 맑고 청아한 기운을 뽐내고 있었지만, 가장자리에서 멀어질수록, 사람들의 목소리가 전달되지 않는 계곡의 중심부에 가까워질수록, 물은 투명했던 주변과는 다르게 짙은 빛 초록색으로 변해 있었고, 깊이를 가늠할 수 없을 정도로 푸르르게 일렁거리고 있었다.

처음에는 가장자리에 있는 커다란 돌을 디딤돌 삼아 발을 힘차게 밀치고 나아갔다. 그리 멀지 않은 거리를 왔다 갔다 하며 나의 수영 실력을 뽐냈다. 사람들의 웃음소리가 귓가에 들려온다. 한번, 그리고 두 번. 자신감이 붙자 점점 강하게 발장구를 친다. 저 멀리에 있는 바위를 향해 나의 몸이 쏘아진다. 점점 더 깊은 곳으로 헤엄친다. 아직은 사람들의 웃음소리가 귓가에 윙윙거리며 들렸다. 나의 힘이 점점 빠져나간다는 생각은 들지 않았다. 이번을 끝으로, 모든 힘을 다 쏟아 내고서 당당하게 부모님 앞에 서서 수박 한 덩이 시원스럽게 물어뜯을 생각에 부풀어 올랐던 나는, 더욱 멀리에 있지만 그리 멀어 보이지 않았던 반대편 바위를 향해 힘차게 발돋움을 쳤다.

사람들의 웃음소리가 멀어진다. 한없이 투명하기만 하던 물빛은 점점 더 짙은 초록빛으로 변해간다. 그때, 물살을 헤쳐나가던 나의 몸이 점차 느려진다. 발장구는 조잡스러운 허우적거림으로 변했다. 손을 놀리며 끊임없이 움직여보려 했지만, 가까워 보이던 그 바위가 머뭇거리며 뒷걸음질 치는 것처럼 느껴진다. 그러다 천천히 내 몸이 가라앉는다. 수면 아래로 나의 몸이 떨어져 간다. 어깨 아래에서 찰랑거리던 물은 어느덧 나의 어깨 너머로 차올랐고, 물의 장막이 꼿꼿하게 세워진 목 언저리로 넘실거린다. 순간, 들이키는 호흡 덕분에 벌어진 나의 입으로, 나의 콧속으로 무언가가 울컥거리며 밀어닥친다. 단 한 번의 벌컥임에 나의 몸부림은 더욱 심각해졌고, 나의 몸은 더욱더 깊숙한 곳으로 가라앉는다.

중력이 더욱더 짙은 물속으로 나를 끌어당긴다. 밤하늘 네온사인보다 화려하게 아른거리는 빛이 비췬다. 급박한 발길질에도 수면 위로 보이는 아련한 햇살만이 아름답게 반짝이고 있다. 물속에서 부서지는 햇살이 어쩜 이리도 아름다운지. 나의 몸이 바닥과 가까워질수록 빛은 찬연하게 수면 위에서 반짝였고, 나의 세상은 짙은 초록에 잠식되어 갔다. 그 순간, 풍덩 하는 소리와 함께 거대한 물체가 나의 온몸을 덮쳐온다. 그리고 그 물체는 순식간에 나의 허리를 낚아채고서, 초록빛 어둠으로 꽉 막혀 있던 공간에서 나를 건져내었다. 그 후로 기억을 잃진 않았다. 전부 기억난다. 아버지의 굵은 손가락과 넓은 어깨가 나를 빛에 세상으로 이끌었다.

하늘과 바다는 희푸른 바람의 색깔로 나부끼고, 손이 베일 것 같은 날카로운 수평선 너머로, 끝닿은 곳 없이, 푸르름 흩뿌려진 바다로 나의 시선이 흘러간다. 이 전까지 언짢았던 마음이 바다 밑으로 침전되어 간다.

등명해변에 그런 집이 있었다. 세상에서 열심히 달리다 지친 이들이 잠시 잠깐 쉬었다 갈 수 있는 그런 집이 있었다. 자칭 타칭 정동진의 마데카솔과 후시딘이라 명명하던, 오랜 시간 동안 그 자리를 지키던 이들이 있었다. 모래 사장에 굴러다니는 나무토막 하나둘 주워 모아 쓰러져 가는 폐가에 튼튼한 기둥을 세우고, 고물상 이리저리 기웃거리며 쓰레기들 모아 모아 구멍 난 벽면을 메우던, 방황하는 영혼들의 이야기들 모아서 오늘은 엽서, 내일은 작품으로 만들며 상처 입은 영혼들을 치유하고, 위로하고, 그들과 같이 숨 쉬며 살아갔던, 그런 사람들이 있었다.

개와 늑대의 시간이 지나고, 컴컴한 방 안 식탁 위 진실의 등이 켜지면, 그때라야 가슴 깊숙한 곳 어딘가에 숨겨져 있던 우리들의 이야기는 세상 밖으로 잠잠하게 흘러나온다. 한 줄 한 줄씩 튕겨지는 기타의 음에 맞춰 입술 사이로 새어 나오는 우리들의 이야기가 때로는 아름다운 사랑 노래로, 때로는

슬픈 이의 서글픈 속삭임으로 그때에 공간을 가득 채웠다.

 시간과 공간 또한 열심히 넘나든다. 지금은 산으로, 아까는 바다로, 간혹가다 아이슬란드와 이르쿠츠크까지 넘나들며 해가 뜨고, 지고 난 뒤에도, 하루, 이틀, 삼일이 무색할 정도로 쉬이 멈추지 않던 서로의 대화가 계속됐다. 계절이 바뀌고 해가 거듭될수록 우리네 이야기는 모든 세상을 불태울 것 같은 산불처럼 사그라지지 않았고, 끝없이 몸집을 키워갔다. 이곳을 방문한 어떤 이에게는 안식을, 어떤 이에게는 활력을 불어넣으며 그 자리에서 끊임없이 빛을 밝히고 있었다.

 원치 않아도 흘러가는 세상살이가 다 그렇듯, 시작이 있으면 끝이 있듯. 이제 그 장소는 사라지고, 각자의 추억 속 지워지지 않는 사진과 흔적만으로 남게 되었지만, 그곳에서 함께 웃고 즐기며 떠들었던 시간은 지금도 다른 장소에서 여전히 이어지고 있다.

 무튼, 작가의 본분을 항상 잊고 사는 게으름뱅이 예술가 셔리킴과 집안의 웃어른으로서 가정의 화목과 안녕과 자산을 담당하고, 허구한 날 모든 이들에게 나무 밑동 조차 아낌없이 내어주는 미모의 수비 누나. 바다의 깊이와 똑 닮아있는 푸르름을 간직한 그들은 자신들의 평안함을 위해, 다른 이들에게 전해줄 평안을 새로 만든 곳간에 차곡차곡 채워 간다. 한여름 녹음이 짙어질 그곳에서, 그들은 더욱더 많은 이들에게 평안함을 주는 초록빛 풍경을 빚어낼 것이다. 언제나 그랬듯 여전히 아름답게.

오래전 그날 이후로 사람들의 발자국 하나 찍혀 있지 않은, 한적하고 드넓은 바닷가 백사장 위에 홀로 머물러 자리를 지키던 허름한 나무 벤치가 있다. 얄궂은 바닷바람과 세월의 모진 풍파를 온전히 버티면서도 본연의 색을 잃지 않고 굳건히 서 있는, 끝없이 펼쳐진 수평선과 어우러져 누군가에게는 먹먹하고 가슴 찡한 쉼을 허락하며 자신을 내어 줬을 낡은 나무 벤치. 엉성하지만 튼튼해 보이는 그 벤치는 원래부터 그곳이 자신의 자리인 양 낯설지 않게 주변 풍경과 잔잔히 동화되어, 쓸쓸함이 머무는 그 자리를 아늑함으로 채우고 있다.

점점이 떠 있는 흐릿한 구름들의 갈라진 손가락 사이로 미지근한 태양 빛이 내리친다. 모래사장 위로 사뿐히 떨어지는 빛살들은, 별안간 부르짖으며 달려드는 파도에 놀라 자지러지듯 물길 속으로 부서지다, 무수히 많은 상처와 흉터투성이인 내 심장까지도 할퀴고 사라진다. 하루에도 수백 번, 수천 번, 수만 번씩 부딪히며 물보라를 일으키다, 바닷가에 흩뿌려져 있는 모래알보다 더욱더 작게 나의 심장을 부수고 부순다. 조각난 가슴을 안고 모래사장 언저리에 앉아 있는 나에게 또 한 번 파도가 밀려든다. 파도가 부서지며 가슴 속에 떠다니는 부스러기들을, 박살 나버린 아픔의 흔적들을, 느릿하게 번져가는 물안개 위에 희뿌연 포말처럼 흩뿌린다.

어둠이 내린다. 등 뒤로 움푹 솟아있는 산 뒤로 태양은 넘어 들고, 눈 앞에 펼쳐진 수평선 너머에서부터 어둠이 밀려온다. 눈물이 난다. 눈물이 내려서 어둠이 내렸는지, 어둠이 내려서 눈물이 났는지, 내 눈에서 흐르는 게 눈물인지.

이따금씩 알아들을 수 없게 조용히 읊조리던 내 목소리는, 어느새 누군가 꾹 밟고 있는 것처럼 뭉개지기 시작한다. 또 한 겹의 어둠이 나를 덮쳐온다. 한 겹의 어둠이 덧대어질수록 나의 감정은 점차 측정할 수 없는 표정들을 지어간다. 하늘과 바다는 어두움에 녹아내려 경계조차 흐릿해졌고, 그 흐릿한 경계 위로 비스듬하게 일렁이는 바람결에 자꾸만 기울어져 가는 나만의 아픔을 이따금씩 물에 풀어 하소연하듯 망망대해로 흘려보낸다.

　태양은 한순간에 밀려오는 어두움에 도망하듯 순식간에 빛을 잃고, 수평선 끝자락으로부터 달이 차오른다. 간간이 아기자기한 빛을 뽐내며 자신을 내세우던 별빛들까지도 야금야금 모조리 먹어 치워 버렸는지, 불뚝해진 배

를 들이밀고서 둥그런 빛을 세상 밖으로 쏟아 낸다. 몇 겹의 시간 동안 변함없이 흘러내렸을 차가운 달빛은 텅 빈 백사장에 놓여 있는 벤치 위를 시원스럽게 덮어 갔고, 낮게 깔린 잔잔한 어둠 속에서 숨죽이고 있던 모래알들도 달빛을 양분 삼아 은은하게 반짝인다. 물길 속 깊이 녹아 있던 햇살들은 시원한 달빛과 함께 일어나 모래알과 경쟁하듯, 온 바다에 퍼져 아지랑이 피듯 나의 눈길 너머로 서성이고 있다.

바람결과 더불어 손짓하는 달그림자에 이끌리어 밋밋한 모래언덕 위, 새하얀 도화지 같던 모래사장 위로 조심스레 발자국을 찍어간다. 쌀쌀한 바닷바람이 옷자락을 휘감으며 펄럭이다, 나를 끌어안으며 느릿해진 발걸음을 재촉시킨다. 오늘도 달빛을 맞아 하얗게 빛나고 있는 나무 벤치에 다가가 자연스러운 동작으로 벤치를 쓰다듬는다. 오랜만이다. 자리에 앉아 바다를 바라본다. 바다는 고요했고, 파도는 자유로웠다. 잠잠히 눈을 감고서 바람결에 실려 다니는 세상의 소리에 귀 기울인다. 뻥 뚫려버린 가슴으로 짙은 파도의 함성을 맞이한다.

공허한 가슴에 거대한 슬픔이 차오른다. 비어버린 가슴으로 밀려 들어오는 그것은, 잠잠하게 가슴속에서 차오르다 한꺼번에 목울대를 밀고 터져 나왔다. 나는 울었다. 슬프게. 절망적으로. 필사적으로 숨이 막힐 만큼 울었다. 검게 물든 백사장 아래에서 나는 하나의 점으로 남아 울었다. 기나긴 그간의 외로움과 고통까지 모조리 담아내어 울었다. 격렬하게 온몸을 떨며 울었다. 가슴이 터질 만큼 우렁차게, 목청이 찢어질 만큼 울었다. 처절하게 울었다. 아무런 대꾸조차 없는 무심한 하늘 아래에서 하염없이 나는 울었다.

어둠은 점점 더 짙은 농도로 세상을 잠식해가고, 달빛마저 어둠 속으로 침잠해 버린 지금. 공기는 이 전과 비교 할 수 없을 만큼 차가워지고, 바다는 어둠에 물들어 있다. 파도에 부서져 흔적도 없이 박살 나 버린 심장 언저리에서 희미한 감정이 울컥 일 때마다 검붉은 피 한 덩이 쏟아진다. 어깨 위와 가슴속에 군더더기처럼 달라붙어 있던 슬픔의 조각과 한숨들까지도, 밀려왔다 쓸려 가는 파도에 녹아 흘러내린다. 구분되어지지 않는 수평선 언저리를 바라보다, 한결 가벼워진 마음으로 깊은 바다와 닮아 있는 푸르름을 가슴 속 비어있는 공간에 조금씩 채워간다.

멍하니 앞을 향하고 있던 내 눈 끝자락에서부터 조그마한 붉은 점 하나가 비쳐 오기 시작한다. 오랜 날 동안 사방에 뿌리 내려 있는 어둠을 갉아 삼키며 떠오르는 붉은 태양. 나의 얼굴에 오래도록 머무르고 있는 짙은 어둠을 살라 먹는 뜨거움이 저 멀리서부터 피어난다. 나는 신고 있던 신발을 벗어 던지고 모래사장을 가로질러 바다를 향해 나아간다. 사방에 가득 차 있던 투명한 어둠을 넘어 세상 속으로 성큼 나아간다. 커지는 태양 빛은 어둠을 삼켜 갔고, 밝아져 오는 내 눈앞에는 태양이 만들어낸 장관 펼쳐진다. 공허한 모래밭 위에 잠시 잠깐 머물러 있던 안개들을 기운차게 가로지르며 앞으로 달려 나간다. 세상 끝에서부터 피어나는 뜨거운 꽃, 짙게 찍힌 빛줄기는 빠알갛게 물들어 가는 바다 위로, 모래사장 위로 반듯한 빛의 길을 만들었고, 그 길의 시작점엔 내가 서 있다.

나는 밀려오는 따사로움을 느끼며, 눈을 감고 고개를 들어 태양을 마주했다. 내 얼굴에 심겨 있던 어두움은 더 이상 숨을 곳을 찾지 못했는지 떨어져

나간 지 오래, 이제는 부드러운 온기만이 남아 나의 얼굴을 물들이고 있다.

"해 뜬다……."

문화의 거리

순천시 행동 문화의 거리. 장미꽃 피어있는 황토색 담장을 지나자 노오란 벽 위에 검은색 페인트로 무성의하게 휘갈겨진 하나의 문장이 눈에 밟힌다.

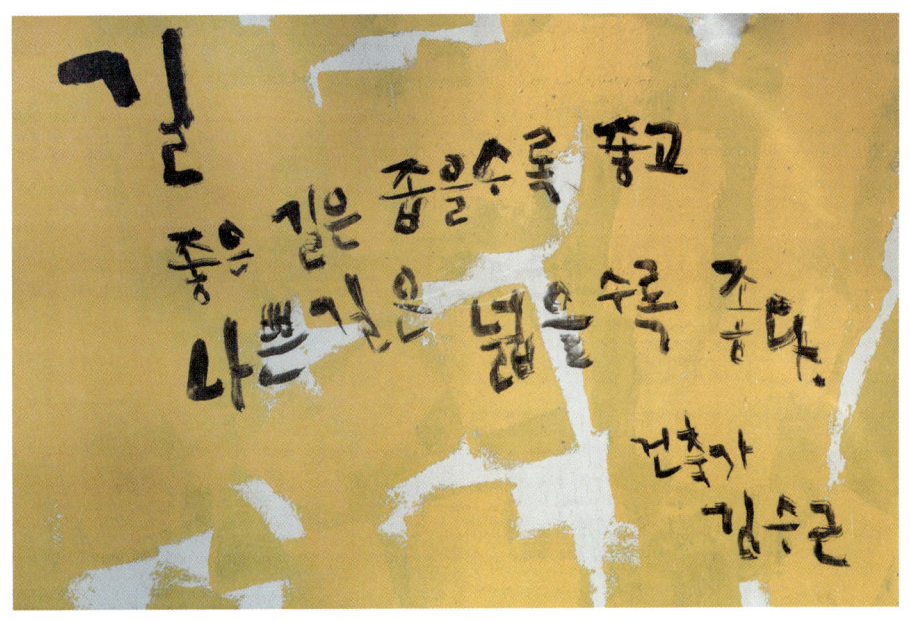

'좋은 길은 좁을수록 좋고, 나쁜 길은 넓을수록 좋다.' - 건축가 김수근

길을 걷다 멈춰 서서 적혀 있는 문장을 한참 동안 바라보다, 두 번 더 곱씹어 본다.

　내가 길에 대해, 특히나 좁은 골목길에 애정을 가진지는 그리 오래되지 않았다. 물론 살아온 날들 또한 그리 길지 않은 것도 이유 중 하나가 될 수도 있겠다.

　좁은 골목길에 대한 애정을 가지게 된 가장 큰 이유는, 포르투갈의 제2의 도시 포르투를 방문했을 때이다. 포르투는 그리 큰 도시도 아니었고, 나의 두 발로 도시의 구석구석을 걸으며 즐기기에 딱 안성맞춤인 장소였다. 산비탈을 따라 기우뚱하게 세워진 건물들은 자신만의 색깔들로 도시를 꾸몄고, 건물과 건물 사이 놓여있는 구불구불한 골목길이 미로처럼 얽혀 있었다.

　처음으로 유럽의 골목길을 만난 건 프랑스 파리였다. 파리에서 만난 골목길의 느낌은 더럽고, 좁고, 시끄러웠으며, 냄새가 나는 불편한 공간이었다.
　사방에서 풍겨오는 지린내와 비니 모자를 낮게 내려쓰고 주위를 두리번거리는 사람들, 삼삼오오 좁은 골목 벽에 기대어 선 채로 그 사이를 위태롭게 스쳐 가는 이들에게 물건을 팔려는 사람들, 응달진 곳에 쭈그려 앉아 행인들의 발소리에 흠칫거리며 옷깃을 짙게 여미는 사람들, 자신의 감정을 노래와 울음으로 표현하고 관광객들에게 추파를 던지며 골목에 머물러 있던 광경이 나에게는 썩 좋은 모습으로 보이지 않았다.

　허나 포르투 골목의 분위기는 그 어떤 곳보다 특별했다. 포르투의 골목은 건물과 건물들을 알맞게 연결했고, 골목의 모습은 마치 발가락 끝까지 이어져 있는 혈관처럼 느껴졌다. 더군다나 살아 숨 쉬듯, 생동력 있는 무언가처럼 관광객들과 주민들의 발걸음마저도 서로 어우러지게 만들었으며, 이 도시에 비밀이란 것은 없다는 걸 증명하려는 듯 골목의 구석구석까지 사람들을 인도했다. 좁은 골목에서 광장으로, 계단을 거슬러 오르다가도 탁 트인 비경으로, 모든 장소와 공간에 사람들을 수혈하는, 역동하는 핏줄의 역할을 온전히 감당했고, 덕분에 온 도시는 활력이 넘쳤다.

또한, 포르투의 골목에서 유유자적거리며 마주쳤던 모든 풍경은 한 폭의 수채화였노라. 고 말하겠다. 주위의 모든 공간과 시간은 흐릿한 무언가를 흩뿌려 놓은 듯 뽀얗게 아른거렸고, 희미한 물감의 향기가 은은하게 피어나 골목과 도시를 가득 채우고 있었다.

나는 며칠이고 그 향기와 손 마주 잡고 포르투의 혈관들을 들쑤시며 휘적거렸고 또 거닐었다. 또한, 때로는 애절하면서도 잔잔하게 귓바퀴에 맴도는 노래가사에, 박자와 음률에 보폭을 맞추며 걸었다. 가파른 계단을 마주했고, 평평한 벽돌로 된 길도 마주했다. 좌우로 길게 늘어선 벽 사이로 올곧게 쏟아지는 햇살도 마주하며 천천히, 아주 천천히, 희미하고도 아득하게 그려져 있는 길을 계속해서 걸었다.

어떤 나라든, 어느 도시든. 그 장소를 이해하는 가장 빠른 방법은 사람들을 만나거나, 골목길 또는 시장을 걸으며 그 맛을 느끼는 것이라 몇몇 이들은 말한다. 그저 어우러져 걷는다는 단순한 행동 하나만으로도, 그곳의 느낌을 더욱더 손쉽게 경험하고 분위기를 즐길 수 있기 때문에. 랄까.

다시금 현재로 돌아와 문화의 거리에서 보았던 문장을 되뇌어 본다. 그리고 생각을 돌이켜 순천을 대표할 수 있을 만한 골목은 어디가 있을까 생각한다. 7초쯤 생각하다 내리는 결론. 굳이 꼽으라 한다면, 단연코 문화의 거리를 선택할 수밖에 없지 않을까?

순천을 대표하는 가장 중요한 슬로건, '순천은 도시가 아니라 정원입니다.' 너무도 순천과 알맞은 이 글을 또한, 하나의 발상의 전환에서 만들어진 슬로건이지 않을까 생각한다. 발전이 되지 않은 지역적 특색을 억지로 바꾸려 하거나 숨기지 않고, 개발하지 않고, 오히려 그 부분을 더욱 부각해 정원이라 말하는, 이러한 표현력과 아이디어가 나는 너무도 좋다.

이 장소 또한 그렇다. 사람들은 문화의 거리를 구도심이라 표현을 하고, 발걸음이 뜸해진, 낙후된, 변화가 없는 장소라 많은 이들은 말한다. 허나 앞서 말한 것 같은 경우로 이야기하자면, 그만큼 옛것을 간직하고, 오래된 향수를 풍기는, 변하지 않는, 추억된 장소라 말 하고 싶다.

어린 시절, 골목길은 모두에게 마당이었고, 함께 살아가는 놀이터였으며, 아이들이 커가는 삶의 장소이자, 정과 정을 잇는 가교였다. 삼삼오오 우르르 몰려다니며 미로 같은 집들 사이 구석구석 훑고만 다녀도 즐거운, 사람 사이에 감정을 흐르게 하는, 서로와 교통할 수 있게 만드는 그런 공간이었다.

순간, 저 멀리 좁다한 골목의 맞은편에서 누군가 걸어온다. 의도치 않았지만, 길의 중간 즈음에서 우리는 서로 마주쳤다. 걸어오시는 어르신과 눈이 마주치진 않았으나, 내가 먼저 가벼운 묵례를 건네며 어깨를 튼다. 좁은 골목에서 우연찮게 마주쳐 서로의 어깨가 닿을 듯 말 듯 비비적거리다, 자연스레 멀어져 간다.

계속해서 골목을 걸으며 물끄러미 생각에 잠긴다. 좁은 길의 의미가 다시금 새삼스레 다가온다. 코를 킁킁거리면 서로의 체취까지도 맡을 수 있는 가까운 거리에 머물렀다, 그저 멀어져 간 우리. 낯선 사람과 사람 사이의 간격조차도 무의미하게 만들어 버리는 좁은 길의 매력에 다시금 고개가 끄덕여진다.

이런저런 생각들에 휩싸인 채로, 계속해서 발걸음을 이어가며 길을 걷는다. 가벼운 몇 번의 발걸음이 더 해질수록, 골목은 나에게 더욱 깊숙한 속내를 보이기라도 하려는 듯, 알지 못하는 어딘가로 나의 발걸음을 재촉시킨다.

한참을 정처 없이 돌고 돌다 골목의 끝인지, 시작인지 모를 장소에 다다랐다. 어느새 좁다란 골목은 사라지고, 이 전보다는 널따란 길이 나를 반긴다. 5월 초. 아직 흐드러지게 피어나지 않은 벚꽃잎들도 나를 반겼다. 빼곡히 들어찬 벚나무들 만큼이나 켜켜이 자리하고 있는 자동차들도 있다. 주차 문제를 해결할 수 있는 기술을 발명하는 사람은, 과연 노벨 평화상을 받을까? 공학상을 받을까? 골목에 불법 주차되어 있는 차들을 없앨 수 있는 방법은 무엇일까? 아무리 멋있는 공간을 만들고 옛것을 살려 아름답게 탈바꿈시키면

뭐하나. 길가에 주차된 차들 덕분에 아무것도 볼 수 없는 것을.

근대 철학의 포문을 연 프랑스의 철학자 데카르트는 말했다. '나는 생각한다. 고로 나는 존재한다.' 나 또한 존재하기에, 생각이란 것을 해야 하므로 골목 불법 주차 문제에 대해 생각해 보았다. 도로에 불법 주차를 하는 이유는 무엇일까? 단순하게 2가지로 생각 할 수 있을 것이다. 첫째는 주차공간의 부족, 둘째는 사람들의 귀차니즘. 이라고 가정해본다.

요즘에는 어딜 가나 주차 공간 부족이라는 현상을 겪는다. 오래된 아파트들은 지하 주차장도 없기 때문에 처음에는 녹지를 없애고, 놀이터를 줄이고, 결국에는 담장까지 없앴다. 그렇다고 새로 만든 아파트는 주차 대란이 없느냐? 그런 것도 아니다. 그러니 여기 구도심은 오죽하랴.

그다음 나오는 두 번째 가정, 멀리에 주차장이 있지만 귀차니즘의 발동으로 인해 집 가까이에 있는 도로에 주차를 한다고 생각한다. 우리나라에는 법이 있으나, 그 법 위에 있는 것이 마을에서 통용되는 규칙(?)이라 생각한다. 아파트만 가더라도, 주차 공간에 있어 주민들만의 규칙이 암암리에 정립되어 있다. 주차를 해도 되는 공간과 아닌 공간, 이중 주차가 가능한 공간과 아닌 공간 등등. 서로 이렇다 확정하지 않았지만, 모두가 알고 지키는 규칙들이 분명 존재한다.

그렇다면 마을 단위는 어떻겠는가? 수십 년 동안이나 주민들 사이에 통용되어 온 규칙들은 그들의 삶이 되었고, 바꿀 수 없는 규범이자 양식이 되었다. 그러한 것들을 법으로 규정되진 범법행위라 말하며 바로잡겠다는 것은 불가능에 가깝지 않을까? 라고 생각한다. 생각은 생각할수록 생각이 나는 것이기 때문에, 생각을 하지 않는 것이 좋은 생각이라고 생각하는 1인으로서. 여기까지만 하련다.

멀어지는 오토바이 엔진소리를 들으며, 잡다한 생각에 빠지기 딱 알맞을 정도로 한적한 골목을 걷는다. 벚나무가 줄지어 선 인도, 무수한 세월이 스쳐 간 듯 흐릿하게 변해버린 도로의 선들, 까슬까슬한 담벼락을 따라 줄지어 굴러다니는 신문과 전단지 뭉치들, 바람에 밀려온 그것들을 넌지시 발아래로 밟아본다. 마침, 내 눈앞에 놓여 있는 여러 풍경들이 소소하게 적절하다.

어느덧 또 다른 골목을 맞닥뜨린다. 회칠이 된 담벼락을 가득 채우고 있을 아이들의 낙서는 사라진 지 오래. 어느 솜씨 좋은 예술가의 실력으로 멋스럽게 단장된 담장이 나를 반긴다. 건너편 구석진 그늘 언저리, 차곡차곡 개켜 놓은 평평한 종이 박스 무더기 위에 길고양이 한 마리 눌러 앉아있다. 찰나에 눈 마주치던 고양이는 갸르릉 거리며 나를 더욱더 깊은 골목으로 인도한다. 나는 고양이를 쫓아 묵묵히 길을 걸었다. 더욱더 깊은 골목으로 들어가자 어디에선가 희미하지만 고소한 커피향기가 흘러나오는 듯도 하다. 햇살이 적절하게 익어가는 오후 3시 무렵, 바람이 마음 편하게 춤출 것 같은 골목길을 따라, 나는 계속해서 걸었다.

골목의 깊은 속내를 들여다볼수록, 비어버린 골목길에 공허함이 더해진다. 숨바꼭질을 하거나 술래잡기를 하려 뛰어다니는 어린아이들로 가득 채워졌어야 할 길이, 인도와 인도 사이를 넘나들며 소리 지르는 아이들의 생동력으로 가득 차고 넘쳐야 할 길이 비어있다. 그저 생기가 사라진 거리에 어르신들만 여전히 자리를 지키며 공간의 허전함을 달래고 있다.

구부정하게 허리가 휘어버린 할머니가 유모차를 몰고 내 앞을 지나간다. 사진을 찍으며 골목을 기웃거리는 내 모습이 신기한지, 아니면 잠시 걷다 휴식을 취하시려는지 자그마한 미소로 주위를 바라보시다 다시금 길을 걷는다.

쨍한 햇살이 안개처럼 주위를 뒤덮는다. 무심코 주위를 둘러본다. 갈라진 보도블록 사이로 기다랗게 자란 잡초가 발목 언저리를 스치듯 훑고서 지나간다. 어느새 후끈 달아오른 대지의 열기가 뽀얗게 피어난다. 카메라를 들어 사진을 찍었다. 선명한 자줏빛 꽃나무 아래에서 무언가를 읽고 있는 어르신의 모습이 더욱더 아련하게 흔들린다. 삐걱거릴법한 나무 의자에 편히 앉아 계시는 어르신. 돌무더기에 발을 올리고 조심스럽게 책자를 넘긴다. 멀리선가 희미한 웃음소리가 들려오는 것 같기도 하다. 어르신의 모습은 분명 선명한 빛 속에 머물러 있지만, 그 모습이 더욱 희미하고, 어렴풋하면서도 불투명해 보이는 이유는 무엇일까. 카메라를 들어 사진을 두어 장 더 찍어본다. 오직 이곳이라야 어울릴법한 풍경을 가슴속에 세 번 즈음 꾹욱 더 눌러 담고서야 길을 걷는다.

나는 그랬다. 순천이 어찌 돌아가든지, 시정 따위엔 별다른 관심도 없을뿐더러, 그리 커다란 주의도 기울이지 않았다. 그렇게 그냥 살아가던 중, 도시재생이라는 단어가 눈에 띄었고, 우연찮은 계기로 도시재생사업에 나의 왼발 끄트머리를 살짝 담그는 지경에까지 이르렀다.

도시재생이란, 신도시 위주의 도시 확장에 따라 발생하는 도심 공동화를 극복하고, 침체된 도시 경제를 개선하기 위해 물리·환경적으로뿐만 아니라 산업·경제적, 사회·문화적으로 도시를 다시 활성화하는 것. 이라나 뭐라나. 다시 말해, 쇠락한 지역을 활동적인 지역으로 재생시키는 것, 사람들이 잘 오지 않는 곳에 인구를 유입 시켜 활기를 띠게 만들고, 순천에 있는 구도심들에 생기를 띠게 만들려는 시도라고 생각하면 될 것이다.

더욱 간단하게 내 입장에서, 내가 아는 지식과 나무위키의 지식을 약간 빌려 말을 하자면, 새마을운동의 현대판 업그레이드라고 생각해도 비슷하지 않을까? 라는 생각도 든다. 새마을운동의 주요 과제는, 농촌의 생활환경 개선, 소득 증대, 의식 개혁 이 주요 과제이기에 도시재생사업의 주요 과제와도 일맥상통하지 않나 생각한다.

다만, 당시 새마을운동은 농촌의 상황을 질적으로 발전시키기보다는 주택의 지붕을 바꾼다거나, 마을에 들어가는 길을 넓히는 것 따위의 겉으로 확실하게 드러나는 성과들에 치중된 경향을 보였다. 급격한 산업화와 그에 따라 급변하는 사회적 분위기로 인해 어쩔 수 없는 부분도 분명 존재했겠으나, 급진적 보여주기식 발전에 따른 가장 큰 피해를 겪은 것은 우리의 전통이었다고 한다.

  그때 당시 눈에 보이는 허름한 것들은 모두 새것으로 교체되었고, 보존해야 할 전통과 문화유산까지도 무작정 밀어붙이기식으로 파괴해 버린 경우가 많았다고 한다. 가장 큰 예로, 농촌의 초가집은 이때 모조리 사라졌고, 마을의 무속문화나 서낭당들 또한 조직적으로 파괴되었다.

  사진으로만 어슴푸레 떠올릴 수 있는 시골 마을에 초가지붕은 판판한 석면 슬레이트로 급격하게 변했고, 꼬불꼬불하던 좁은 길들은 자동차가 다닐 수 있을 만큼 넓게 변했다. 오래된 건물들은 부서지고, 길쭉하게 잘빠진 건물들이 꼿꼿하게 고개를 들었던 시절이었다 말 할 수 있다.

  길을 걸으며 또 한 번 생각에 빠진다. 우리가 살고 있는 현재에 우리의 소중한 가치는 무엇이고, 우리가 다음 세대에게 물려줘야만 하는 것은 무엇일까? 물론 많은 것들이 있겠으나, 나는 과거 선조들의 유산을 우리가 지켜야 하고, 현대에 만들어지는 새로운 전통들까지도 다음 세대에 온전히 넘겨줘야 하지 않을까? 라고 생각해본다.

  유산이란, 이어받을 수 있고, 이어 넘길 수 있는 것이어야 한다. 그렇다면, 지금 내 눈앞에 펼쳐져 있고, 내가 걷고 있는 골목길 또한 같은 것이지 않을까? 이전 세대에게서 우리가 온전히 이어받아야 할 유산이고, 나의 다음 세대까지 고스란히 넘겨줘야 할 역사이기에.

어쨌든, 지금의 도시재생은 새마을 운동과는 다른 의미로 모든 일이 행해졌으면 좋겠다. 도시를 재생시킨다는 게 꼭 옛것들을 무너뜨리고 새것으로 만든다기보다, 정체되어 있던 옛것에 활력을 넣어주는 수준부터 시작했으면 좋겠다. 모자란다고 부수고 새롭게 만드는 것이 아닌, 부족한 부분들을 하나씩 채워주며, 온전한 모습으로 발전 할 수 있게.

설령 부수고 다시 만드는 게 편하고 쉬운 방법일지라도, 어려움 속에서도 자신만의 온전한 가치를 유지할 수 있는 모습이 더욱 아름다운 모습이라고 생각한다. 우리의 과거가 지우고 싶은 거짓이 아닌 것처럼, 모든 것을 허물어 버리고 미래를 덧입히지 않길 바란다.

나는 더욱더 좁다란 골목길을 향해 걷는다. 끝이 어딘지, 출구가 어딘지도 알 수 없는, 미로만큼이나 배배 꼬여 있는 듯한 골목길을 천천히 더듬어가며 걷는다. 한쪽 팔도 제대로 뻗지 못할 것같이 좁은 골목은 아닐지라도, 답답함을 느낀 내 마음은 서둘러 이곳을 벗어나고 싶었다.

지금껏 살아가며 만났던 좁은 길들은 언제나 내 걸음을 몰아쳤고, 행보를 재촉했다. 서둘러 앞으로 향하라고 내몰았으며, 머뭇거리지 말고 길을 나서라고, 주위를 둘러볼 필요 없으니 마냥 나아가라 소리쳤다. 허나 그 끝에서 마주친 결말들은 천 길 낭떠러지 또는 넘거나 되돌아갈 수 없는 거대한 절벽이었다. 그럼에도 나는 여전히 멈출 수는 없었다. 시간은 흐르고, 세상이 굴러갔기에.

순천에서 나고 자란 '나' 조차도 처음 가보는 골목을, 좁고 갈래 많은 길을 헤치며 나간다. 야트막한 벽들로 둘러싸여 있던 골목은 어느덧 나를 한적한 어느 공터로 인도했다. 공터를 한 바퀴 빙그르르 둘러보다, 옆에 보이는 계단으로 향했다.

시멘트로 뒤덮인 비탈길을 걷는다. 불뚝 솟아 있는 바윗덩어리마다 초록빛 이끼와 덤불들이 드문드문 솟아나 있다. 초봄에 걸맞은 이름 모들 들풀들 또한 사방에 엉기어 있다. 초봄, 그리 덥지 않은 날씨지만 등줄기를 따라 흐르고 있는 땀방울은 어느새 나의 온 등허리를 적셨다. 멈추지 않는 땀 줄기만큼 서둘러 발걸음을 움직인다. 나는 무언가 색다른 이끌림을 따라 계속해서 비탈진 언덕을 기어올랐다.

고개를 들어 산을 올려다본다. 무성하게 돋아나 있는 울창한 대나무 숲이 고래의 섬모처럼 조밀하게 솟아있다. 하늘에서 무성하게 쏟아지는 태양 빛은 나의 정수리 위로 토도독거리며 떨어지다, 들러붙는다. 손을 들어 엉겨 있는 뜨거움을 털어내고, 대나무가 만들어낸 축축한 그늘 숲으로 서둘러 발걸음을 옮긴다. 서늘한 공기는 잠시나마 시원한 바람으로 나의 온몸을 휘감는다. 눈물이 난다. 이 소소한 행복을 누구에게 감사해야 하나.

처음 걷는 이 길에 대한 궁금증이 커진다. 예전 스페인을 여행할 당시, 그라나다에 있는 성 니콜라스 전망대라는 곳을 간 적이다. 알함브라 궁전을 한눈에 볼 수 있지만, 유명하지 않아 관광객들에게 잘 알려지지 않았던 장소였다. 허나 검색의 귀재인 나의 검색 능력까지 피해갈 순 없었다.

성 니콜라스 전망대로 가는 길은, 지금 내가 걷고 있는 길과 별반 다를 바 없이 비탈진 계단을 한참 동안 걸어 올라야 했다. 바닥에는 네모반듯한 돌들이 얼기설기 엮인 채로 알알이 박혀 있고, 무수한 계단들이 높이 쌓여 있는, 하염없이 이어지는 발걸음에 한숨 깊게 내쉬다 고개를 들면, 파아란 하늘길이 나를 반기는. 그곳은 누구나 흔히들 상상할 수 있는 유럽의 전형적인 골목길이었다.

얼마나 시간이 지났을까? 한참을 올랐으나 정상은 보이지 않았고, 파도처럼 짜증이 밀려왔다. 구글맵을 확인하고서 '그냥 되돌아갈까?' 싶기도 했지만, 이왕 시작한 발걸음, 끝까지 가보자 싶은 심정에 열심을 다했다. 그 후로 한참을 더 걸어, 결국에 다다른 전망대는 나에게 또 다른 감동이었다.

만년설의 차가움을 품은 바람이 나를 반긴다. 전망대라는 이름이 무색하지 않을 만큼 뻥 뚫린 풍경이 내 눈앞에 펼쳐져 있다. 내 발아래로 빛바랜 갈색 건물들도 옹기종기 모여 있다. 광장 구석에서 울려 퍼지는 플라멩코의 애절한 기타 소리가 깊이를 알 수 없는 내 가슴속 심연에까지 찌르르한 파문을 일으키며 시큰한 감동을 건네 온다. 알함브라 궁전에 어려 있는 르네상스 시대의 섬세한 손길과 이슬람 무어인들의 숨결이 이 멀리에 있는 전망대까지 생생하게 느껴지는 듯하다. 실로 장관이었다. 표현할 길 없는 가슴 벅찬 감동이 나의 눈동자에 차고 넘친다. 순간, 손에 쥐고 있던 알함브라 맥주를 세 모금 즈음 급하게 벌컥 인다. 역시, 알함브라는 들어가서 보는 것이 아닌, 바라보며 마시는 것이다.

나중에 호스텔에 같은 방을 쓰고 있는 중국계 프랑스 친구가 하는 말이, '성 니콜라스 전망대는 낮에 가는 것보다 밤에 가는 것이 더 멋있다.' 이야기 하며 사진 하나를 건넸다. 사진을 본 나는 입을 다물 수 없었다. 하늘과 땅, 시선에 보이는 모든 곳에 반딧불이 같은 자그마한 반짝임들이 가득 차 있다. 그 아래, 은은하고 짙은 파란빛 어둠 속에서 고고한 조명을 받으며 홀로 자리하고 있는 알함브라 궁전이 보인다. 또 다른 장관이다. 그 어둠 속에서도 본연의 붉은 빛을 발하고 서 있는 궁전의 모습은 때로는 위태로웠으며, 때로는 아름다웠고, 때로는 치열했을 알함브라의 역사를 머금고 있었다. 역시나, 붉은 성이라는 이름이 아깝지 않은 자태는 보는 이의 심장을 매혹시키기에 충분했다.

아... 나는 이러한 아름다움을 포기하고서 한낱 식탐에 눈이 멀어, 매일 밤 허기진 아귀처럼 맛있는 타파스를 찾아 헤맸구나. 후회스럽고 통탄스럽게 그지없었으나, 그 사진을 본 그날 저녁도 맛있는 타파스 식당을 찾기 위해 다채로운 향기들로 북적이는 밤거리를 서성거렸다. 사실은, 밤늦은 시간 전망대를 보러 가는 것에 대한 불안감이 있었다. 스페인의 으슥한 밤 골목을 연약한 남자 혼자 걷는다는 건 상상만 해도 무서우니까. 어쨌든, 그 두려움을 뚫고 저녁의 성 니콜라스 전망대를 방문했었다면, 생각지도 못하고, 상상할 수도 없는 새로운 세계가 펼쳐졌을 것이라는 사실만큼은 분명하다.

오늘의 태양은 아직 이름 모를 서쪽 산 위에 머물러 있고, 나는 여전히 구불구불한 시멘트 길을 따라 언덕을 오르고 있다. 이마를 타고 떨어지는 땀방울들이 똑똑 거리며 마른 바닥 위로 떨어져 내리는 것 같기도 하다. 한참이라고 생각될 만큼 동안 멈추지 않고 산을 오르다, 기울어져 있던 허리를 펴고 뒤를 돌아 주위를 둘러본다.

 계절이 차분한 걸음으로, 호들갑 없는 고요한 자태로 돌담 사이에 울긋불긋 비집고서 피어나 있다. 여린 잎사귀들도 새침한 계절을 반기듯, 모든 골목에 돋아나 있다. 파란색이 섞인 돌집, 핑크색 지붕과 골목길 사이를 은밀하게 누비는 밝은 갈색 고양이도 보인다. 다채로운 색상으로 비탈이 물들어 있다. 계절을 품은 듯 포근하게 불어오는 바람이 골목과 골목을 누비며 봄의 신비감을 더했다. 그 속에서 나 또한 봄과 한 발짝씩 가까워지는 기분에 빠져들었다.

어느새 산에는 어둠이 밀려오고, 가로등이 만들어낸 그림자가 허락 없이 나를 쫓는 지금. 살아오면서 지금처럼 내 감정이 감각적으로 뚜렷하게 느껴졌던 적은 없었다. 소소한 풀 한 잎이 매끄럽게 나의 팔을 스친다. 발에 밟혀 드는 조그마한 돌조각에서 속삭임이 들려오는 것 같기도 하다. 지금의 느낌을 어떻게 표현해야 할까? 쉽게 말해, 나는 할 말을 잃었다.

달빛이 희미하게 나를 비추고, 여전히 가로등이 만들어낸 그림자가 허락 없이 나를 쫓는다. 이제는 어둠이 가볍게 내려앉은 대나무 숲에서 간혹 고양이의 울음소리가 들려오는 듯도 했다.
평소 내 표현력은 너무나 무디고, 지금껏 눈앞에 보였던 모든 것들은 뭉쳐지지 않고 언제나 모호하게 흐트러져 버렸으며 흔들렸기에, 지금의 이 감정조차 제대로 된 윤곽을 잡을 수 없었다. 단연코 이 정도로 풍부한 감수성을 가지길 원한 적도 없었다. 또한, 표현할 수 없는 감각 따위가 무슨 필요가 있으랴. 안타까운 나의 작문 실력을 한탄하며, 깨끗하게 기록되지 못하는 여러 감정들을 차근차근 홀로 곱씹으며 계속해서 언덕을 올랐다.

주위에서 들려오는 소리와 주변에서 밀려드는 기척에 밀려다니다, 어느새 정하지 않았던 목적지에 다다랐다. 나는 고소공포증이 없어 하늘에 떠 있는 달과 가까워지기 위해 눈앞에 있는 전망대 끝으로 성큼 다가선다. 해가 뜨면 아침이 오고 밤이 되면 달이 뜨는 것처럼, 얼음을 맨손으로 만지면 차가운 것이 당연한 것처럼, 지금의 전망대에는 아무도 없었다.

나는 잠잠히 생각에 빠진다. 나는 언제까지 이러한 풍경들을 나 홀로 바라봐야 하는 것일까. 하늘과 맞닿은 자리에 나 홀로 서서 넌지시 땅 아래를 내려다본다. 울창한 초목의 비탈 너머에는 네모반듯한 반짝임들이 머물러 있었다. 나도 이곳에서 누군가와 함께 머무르고 싶다. 어두운 밤, 포근하게 떨어지는 달빛을 맞으며 사랑을 속삭이고 싶다. 하아. 이제 더 이상 무슨 말이 필요할까. 여전히 할 말을 잃어버린 나의 감정은 표현할 바를 알지 못하고, 전망대 끄트머리에 묵묵히 머물러 있다.

차갑게 식은 밤공기는 등줄기에서 피어오른 후끈한 열기까지 삽시간에 끌어안고서, 더 깊은 심연으로 순식간에 멀어진다. 가냘프게 지저귀는 새소리가 메아리치듯 허공에 울려 퍼진다. 이마 위에 얼룩으로 남아 있던 땀방울마저 모조리 훔쳐내고서 두 눈을 질끈 감아본다. 감긴 눈 사이로 미약한 빛줄기가 스며든다. 혹시나 이번 봄에는, 길가에 버려진 낡은 소파에서조차 푸른 새싹이 올라올 것만 같은, 그런 기분이 든다. 그런 밤이다.

동천 아랫길

　가을이 가고 겨울이 지나 다시 봄이 왔다. 겨우내 얼어있던 길 위로 헤아릴 수 없는 자그마한 빛의 굴절들이, 하염없는 속삭임들이 나의 시선 끝으로 내려앉는다. 두 눈망울에서 투명한 빗물이 뚝뚝 떨어지듯, 밤하늘의 별처럼 아득하게 봄의 기운이 세상 위로 쏟아진다.

　지금껏 살아오며 기억되는 순천의 3~4월은 평범하지 않았다. 그즈음에 내가 살고 있는 순천은 어제와 오늘을 가늠할 수 없을 정도로 빠르게 변해 갔다. 시간이 흘러갈수록, 점차 봄이란 계절이 가까워질수록, 우리나라에서 가장 먼저 봄을 맞이하기라도 할 것처럼 순천의 모든 공간들은 급작스럽게 바뀌었고, 모든 장소들은 이름을 알법한 갖가지 꽃잎들을 뱉어냈다.

　조금 과장해서, 길을 걷다 뒤돌아서면 내가 걷고 있던 그 길이 불과 몇 초 전과는 전혀 다른 세상으로 변해 있었다. 어제의 길은 지금의 길이 아니었고, 내일의 길 또한 오늘과는 전혀 다른 세상으로 변해 있었다. 랄까. 흰색, 노란색, 분홍색 등등 봄을 상징할 법한 따사로움을 품고 있는 모든 색감들은 거리를 가득 채우다 못해, 순천을 가로지르며 흐르고 있는 동천에까지도 봄의 감성으로 가득 채워갔다. 이즈음에 동천은 언제나 물길 위로 따사로움의 향기가 넘실거렸다.

 순천의 젖줄이라 할 수 있는 동천은 순천시 서면 청소리에서 발원하여 순천만으로 흘러드는 하천으로서, 길이는 27.8km, 유역면적은 371㎢이고 폭은 상류 60~80m, 중류 100~150m, 하류 300~500m에 이른다. 순천은 예로부터 삼산이수(三山二水)의 고장이라 칭해지는데, 삼산이란 용당동에 있는 삼산 혹은 인제산·봉화산·황산 등 세 산을 말하고, 이수(二水)란 바로 동천과 옥천을 가리키는 것으로, 동천은 순천을 상징하는 대표적인 하천이라 할 수 있다.

 만약 누군가가 나에게 순천에서 가장 좋아하는 장소를 뽑으라고 묻는다면, 머뭇거리지 않고, 주저하지 않고, '동천 아랫길'이라는, 나만이 사용하는, 또는 내 주변 몇몇 지인들만 알아들을 수 있는 단어로 그 장소를 뽑을 것이다. 물론 순천사람들이라면 내가 말하는 장소가 어느 곳인지 알 법도 하지만, 분명한 사실은 이 장소를 아는 사람들보다 모르는 사람들이 더 많이 있을 것이라 믿어 의심치 않는다.

 순천을 가로질러 흐르는 동천은 크게 3곳으로 분류 할 수 있다. 전자고와 봉화터널, 그리고 내가 말하는 아랫길. 나의 편의상 분류해 놓은 그 세 개의 장소는 매해 봄이 돌아오면, 기나긴 겨울 동안 숨죽여 웅크리고 있던 자신만의 아름다움을 세상에 뽐내기 시작한다. '벚꽃이 흐드러지다.' 이 문장에 적혀 있는 흐드러지다에 가장 알맞은 장소를 꼽으라면, 단연 순천의 중심에 있는 봉화터널 쪽 벚꽃길일 것이다.

수려하며, 가장 크고 높은 벚꽃 나무들이 몰려 있는 그 길은 살랑대는 바람 한번에도 눈보라처럼 벚꽃 잎이 흩날린다. 벚꽃이 떨어지는 속도가 초속 5cm라고 했던가? 나비처럼 자그마한 날개를 팔랑거리며 흩날리는 벚꽃 잎들은 순식간에 동천을 뒤덮고도 남을 정도로 모든 사람들의 눈앞으로 밀려온다. 하얗고도 분홍 분홍한 일렁임은 떨어지는 흔적들을 잔상처럼 남기며 모든 이들의 눈동자 속에 그윽한 아름다움을 아로새긴다. 천변을 따라 이어지는 벚꽃나무 곁으로 다양한 커피숍들이 즐비해 있고, 그에 걸맞게 가장 많은 사람들이 방문하는 그 길은 가장 풍성한 벚꽃을 볼 수 있지만 심히 번잡스럽게 느껴져 나는 잘 가지 않는다.

전자고 즈음에 위치한 또 다른 길 하나. 전자고 쪽이라 부르기도 하고, 서면 우체국 옆길이라고도 하는 그 길은 어찌 보면 동천아랫길과 많이 닮은 듯도 보이지만 썩 내 마음에 크게 와 닿지는 않는다. 단순하게 그곳이 내가 머무르는 곳과 멀어서. 따위와 같은 이유는 절대 아니다.

이렇듯 봄이 되면, 각기 다른 세 개의 길은 저마다 간직하고 있는 특별한 색을 뽐내며 순천의 벚꽃 명소로 각광 받고 있다. 어떤 이는 순천을 가로질러 흐르고 있는 동천을 따라 한길로 연결 된 그 길들을 '30리 벚꽃길'이라 부르며 여러 축제도 진행하지만, 내가 좋아하는 곳은 단연 '동천 아랫길'이다.

내가 가장 좋아하는 동천 아랫길. 참고로 가장 가까워서 이 길을 좋아한다는 건 다들 알다시피 이유가 될 수 없다.

한신아파트 뒷길이라고도 불리는 이 길은 벚꽃이 피어 있건 피지 않았건, 여름이건 겨울이건 한 번쯤 머물렀다 가는, 나에게 있어 사람들이 잘 몰랐으면 하는 아지트와 같은 비밀스러운 장소였다. 할 일 없이 친구들과 여기저기를 쏘다녔던 중, 고등학교 시절에도 이 장소를 방문했던 적이 종종 있었다. 그즈음에 이 장소는 특별한 의미 없이 스쳐 지나갔던 하나의 길에 불과했다. 그러나 스무 살 중반 무렵, 우연찮게 그 길을 가본 이후로 혼자 있고 싶다거나, 조용한 분위기를 즐기고 싶은 날이면 차를 타고 그곳으로 향했다. 뚝방에 만들어져 있는 원두막에 걸터앉고서 다리를 흔들며 흐르는 강물을 멍하니 바라보면 기분이 좋았다. 분명히 말하지만, 걸어서 가기에는 너무 불편한 이 장소가 차가 있기 시작한 이후부터 좋아진 것은 결단코 아니다. 무튼, 그때 당시 나 혼자만의 시간을 보낼 때 필요한 것은 단 두 가지. 국가에서 허용한 유일한 마약이라 칭하는 음악과 내 몸속을 뜨겁게 휘감으며 흐르는 피와 같은 아이스 아메리카노랄까.

주위엔 아무도 없다. 눈앞에선 강물이 흘러가는 소리가 들릴 듯 말 듯 어렴풋하게 번지고, 바람이 나무를 휘감는 소리, 잎사귀들끼리 서로 부대끼는 소리, 뒤쪽 밭에서 풍겨지는 거름의 향기가 야금야금 나의 곁으로 밀려온다. 눈을 감고 잠잠히 머무른다. 귓가에 꽂힌 이어폰에서 잔잔한 음악 소리가 흘러든다. 고막을 두드리는 비트에 맞춰 원두막 너머로 두 다리 곧게 뻗고서 적절한 BPM으로 살랑살랑 흔들어도 본다. 얼마나 시간이 지났을까?

정확한 시간이 지금은 기억나지 않지만, 그때 당시 강물 위로 쏟아져 내리는 빛살들은 내 고막을 두드리는 비트보다 더욱 세밀하게 부서지고, 하늘 위로 떠다니는 적당한 구름들은 푸른빛을 잔뜩 머금고서 보일 듯 말 듯 흐릿하게 떠다녔다. 이따금 강한 빛의 줄기도 강물 위로 쏟아진다. 그 줄기가 떨어질 때. 그 줄기가 강물에 부서질 때. 은빛 잔물결 일으키며 물결이 눈부실 때... 아무튼 그 시절 그때는 그랬다.

물론 2019년 그날도 그러했다. 지금껏 서론이 길었지만, 지금 내가 쓰고 있는 이 이야기는 사연 있게 생긴 이목구비와 머릿속의 세계가 한없이 귀여웠던 한 소녀와의 이야기이다. 괜한 걱정일지는 모르겠지만, 처음 이 글을 쓰는 것에 대해 무척이나 조심스러웠다. 글이란 것은 흔한 술자리에서 지나간 옛 연인을 회상하는 것 따위와 전혀 다른 것이기에. 술김에 토해지는 한숨, 그 속에 흩날리는 알코올 기운처럼 삽시간에 흩어져버리는 것이 아닌, 어쨌든 돌벽에 긁어 놓은 이름처럼 지워지지 않는 흔적을 남기는 일이기에. 혹시나 그 소녀가 이 글을 읽게 된다면 불쾌해하진 않을까? 염려도 했었다. 다만 소녀가 이 글을 읽을 리는 없을 것이다. 혹여나 읽는다 하더라도, 지금 내가 적는 이 글이 자신의 이야기임을 알아차리진 못할 것이다. 서로가 기억하는 추억은 자신의 것이고, 그 추억에는 진실이 없기에. 아마도 지금 이 이야기는 그 소녀가 생각하는 것과 분명 다를 것이다.

그 소녀를 처음 만났던 날. 나는 향기로운 소녀의 목소리에 눈이 멀어 버렸고, 꽃 같은 소녀의 얼굴에 귀가 먹어 버렸다. 소녀의 목소리는 우리 사이를 굳게 가로막고 있던 공기의 벽을 뚫고서 내 귓가로 잔잔하게 울려 퍼진다. 밤

하늘 높이 떠 있는 푸르른 달은 고요하게 잠들어 있는 세상 아래로 그리움 잔뜩 머금은 기운을 아늑하게 비추고, 떨어지는 그리움 한껏 머금고서 쓸쓸함만이 머무르고 있던 너른 벌판 위 모든 공간을 자신의 향기로 채워가던 노오란 달맞이꽃. 그리고 그 꽃보다 향기롭게 피어나고, 감미롭게 녹아들던 소녀의 목소리. 또렷한 듯 또렷하지 않았고, 희미하게 흔들리다 흐리멍텅하면서도 곧게 이어지는 소녀의 얼굴선, 소녀의 입술은 오랜 세월 동안 달콤함 진득하게 머금은 와인보다 반짝였으며, 피부는 희고 부드러웠다. 딱 알맞은 코는 소녀의 얼굴을 더욱 균형 있게 만들었고, 슬픔이 아련하게 머물러있는 소녀의 눈동자는 내 심장에 찌릿하면서도 아련한 감정을 선물하기에 충분했다. 소녀의 손짓은 그 공간에서 유일하게 반짝였으며, 바람 한 점 없이도 나의 마음속에서 살랑거렸고, 소녀의 짙고 검은 머리카락은 끝을 알 수 없을 정도로 깊고 어두운 심연으로 나의 마음을 빠져들게 만들었다.

그 후, 우연한 계기로 소녀를 다시 한 번 만날 수 있었다. 샐 수 없는 한숨과 머리를 어지럽히던 푸념들만 가득했던 전날과는 다르게, 그날은 유난히 달이 밝고 고요했다.

그날만큼은 때 묻지 않은 순수함으로 무장한 채, 하늘에 뜬 별이 내 눈동자에 머무르는 시간 동안 소녀의 손을 살포시 맞잡고서, 소녀의 눈동자에 빼곡하게 들어찬 별들을 모조리 헤아리고 싶었던, 그런 밤이었다.

"저는 걷는 거 좋아해요."
"그럼 우리 벚꽃 보러 갈래요?"

길지 않았던 이야기 속에서 걷는 것을 좋아한다 말 하는 소녀. 아쉬웠던 두 번째 만남을 뒤로하고서 소녀와 약조한 날이 다가오길 기다리며, 그날만큼은 특별히 날씨가 좋기를 기도했다.

그날이 평소와 다른 점이라곤 날이 따뜻했고, 벚꽃이 예뻤으며, 어디선가 와플 굽는 향기가 났고, 소녀가 내 곁에서 같이 길을 걸었기 때문이랄까? 바람결에 실려 온 꽃잎들이 허공 위에서 흔들리다 소녀의 머리카락 주위에 사뿐히 머물렀다 쓸려간다. 그 길은 새로운 만남의 설렘을 머금었는지, 주위의 모든 공간을 달콤한 무언가로 채우고 또 채워갔다. 그 길은 아름다웠다. 내 마음에 딱 알맞게 아름다웠다.

이른 오후. 길 위로 은은한 햇살이 비처럼 방울져 내린다. 강둑 너머에 홀로 서 있는 수양버들 위로 올올이 떨어지는 빛망울들은, 평소 짙은 초록빛을 풍기던 나뭇잎들을 한없이 부드러운 연둣빛으로 변해가게 만들었고, 벚꽃이 허다하게 피어난 그곳에 어설픈 그늘 한 덩이 내려놓는다. 일렁이는 바람결에 나무 그늘은 잔망스럽게 나풀거리고, 그 아래 옹기종기 둘러앉은 젊은 연인들은 담소를 나누며 시원한 맥주를 들이켠다. 벚꽃 잎을 안주 삼아 풍류를 즐기는 듯한 그들의 입꼬리에는 사랑이 잔뜩 묻어 있다. 봄이구나. 산책로를 가득 채우며 걷고 있는 연인들은 두 손을 꼭 마주 잡은 채 길을 걷는다. 봄날이구나. 내 눈동자에는 나란히 걷고 있는 소녀의 모습만이 또렷하게 비추인다. 꽃이 피는 봄날이로구나. 백로들은 푸르르게 맑은 하늘 아래로 흰색 점 하나 찍어 놓은 듯 떠다니고, 앙증맞은 목소리를 뽐내며 맑게 지저귀는 참새들은 저기 보이는 아파트 사이 104동 너머로 사라져 간다.

소녀와 나는 걷기에 딱 알맞았던, 내가 좋아하는 그 길을 걸으며 때론 담담하게, 때론 웃음기 가득한 목소리로 서로에 대해 궁금해하고 알아갔다. 소녀는 자그마한 입술을 달싹이며 쫑알쫑알 많은 물음을 나에게 던졌다. 소녀의 입술은 붉은 이슬이 매달린 듯 얇실했고, 그 입술을 통해 세상으로 번져

가는 목소리는 꽃망울을 머금었는지, 봄바람처럼 부드럽고 따스했다. 이따금씩 희미하게 웃음 지으며 돌아서는 입매는 조금의 어색함도 없이 자연스러웠고, 금방이라도 흘러내릴 듯 아슬아슬한 유혹 또한 간직하고 있었다.

"하하. 정말요?"

청정한 미소로 꾀꼬리 같이 지저귀며 나의 어깨를 두드리는 소녀의 가냘픈 손짓, 역동적인 오케스트라 지휘자의 지휘봉 같았다. 그러한 소녀의 미세한 움직임에 발맞춰 나의 심장은 심각하게 요동친다. 포르테에서 포르티시시모로, 때로는 안단테, 때로는 모데라토. 많은 경험을 쌓은 노련한 지휘자처럼, 연륜 많은 어부처럼, 소녀는 나의 모든 생각을 휘어잡았고, 시선을 사로잡았으며, 감각들까지도 모조리 빼앗아갔다.

1950년대 이후. 순천의 변두리 중의 변두리 풍덕동. 넓지도 좁지도 않은 평평한 지대 위로 판잣집들이 한 채 두 채 생겨나기 시작했다. 그때 당시 그 동네를 부르는 이름이 무엇인지 정확히는 알지 못하지만, 풀숲으로 우거졌을 그곳에 낡고 찌그러진 판자때기 한 개 두 개 주워 모아 얼기설기 엮어, 이름 없던 들풀보다 무성하게 빈 공간을 채워가던 판잣집들이 있었다.

이 전에 그곳에서 주인 노릇 하던 들풀들에게 허락을 받았는지, 받지 않았는지는 중요한 문제가 아니었다. 동천변을 따라 이어지는 얄팍한 둑 아래로 올막졸막 완성되어 가는 판자촌. 달동네라고 부르기에는 너무 낮은 그 동네. 그곳은 새로운 꿈을 찾아서 시골을 떠나, 그나마 나은 도시로 상경한 정착민들의 애환이 서려 있었고, 그런 꿈을 품고 머물렀던 이들에게는 세상 그 어느 곳보다 포근한 안식처였을 것이다.

무더운 여름이면 판자촌에 살던 어린아이들은 병아리처럼 몰려다니며 동천에서 멱을 감거나 자라를 잡으러 쏘다녔고, 겨울이면 꽁꽁 얼어있는 동천 위에서 썰매도 타고, 비료 포대 위에 걸터앉아 눈 덮인 야트막한 강둑 아래로 대굴대굴 굴러다녔다. 비록 집은 가난하지만, 마음씨만큼은 그 누구보다 따뜻했을 사람들이 옹기종기 모여 살았던 그런 푸근한 동네가 있었다.

불행은 항상 예기치 못하는 순간에 일어난다. 어느 날 하늘에 구멍이라도 난 듯, 오후쯤부터 쉼 없이 쏟아지는 폭우가 순천의 모든 마을을 차갑게 덮어갔다. 당연히 풍덕동도 그 빗줄기를 피할 수 없었다. 조잡하게 엮인 지붕 틈새로 빗방울이 스며든다. 점점이 떨어지던 빗방울은 하나의 물줄기로 이어졌다. 천장에서 새어 나오는 비는 장판을 지키기 위해 바닥에 내려놓았던 그릇들마저도 순식간에 가득 채우고 넘실거렸으며, 갈색 장판마저 흥건히 적셔갔다.

늦은 밤까지 비는 멈추지 않았다. 순간, 얇은 벽 너머로 어른들의 웅성거리는 소리가 들려온다. 그 웅성거림은 쏟아지는 빗소리를 뚫고 우레와 같은 함성처럼, 밀려드는 파도의 외침처럼 사람들의 귓가를 때리며 구불구불한 골목들 사이로 메아리치듯 울려 퍼진다.

"물 들어온다!!"

1962년 8월 28일 새벽 1시쯤. 동천 상류에 있는 산정저수지의 둑이 터졌다. 하늘에서 떨어지는 빗줄기는 사그라질 생각 따윈 하지 않고, 더욱 낮은 곳을 향해 그침 없이 쏟아져 내린다. 저 멀리서부터 밀려드는 물길은 처음에는 발목, 다음에는 허리, 그리고 목 언저리까지 급작스럽게 차오르고, 옅은 바람에도 쓰러질 듯 엉성히 짜 맞춰진 판잣집들은 허망하고도 초라하게 더욱 낮은 곳을 향해 쓸려 내렸다. 어느 한 집 버티지 못하고 더 깊은 수렁으로 처참하게 밀려 나갔다. 빛 한줄기 비춰지 않는 어둠 속, 시꺼먼 강물은 지치지도 않는지 멈출 줄 모르고, 아무런 거리낌 없이 사람들의 육신을, 수많은 사람들의 영혼을 집어삼킨 채 어둠 속으로, 더욱더 깊은 어둠 속으로 눈에 보이는 모든 것을 순식간에 침잠시켰다.

"여기 한 아름 실음을 안고 잠드신 영령 224주의 한이 있다. 비바람 사오납던 1962년 8월 28일 그날 흙탕물 속에서 꽃들은 지고 열매는 떨어졌다. 못다 살고 가신 임들이여 먹구름이 걷혔으니 그 얼 고이 쉬소서" - 동천에 세워진 8.28수해 위령탑 위령문 -

 먹구름은 머나먼 시간의 저편으로 밀려나고, 빛살 한껏 머금었던 어여쁜 꽃망울들은 자그마한 조막손 뽐내며 품고 있던 따사로움을 강물 속으로 흘려보낸다. 구불구불한 천변 좌우로 올곧게 자리하며 더욱 높아진 둑과 스러져간 영혼들을 위로하기라도 하려는 마냥 빼곡히 늘어선 벚꽃나무. 채 피지 못한 영혼들의 가슴 아픈 사연들 모아 한땀 한땀 수 놓고서 봄바람에 휘날리다, 이제는 어여쁜 꽃으로 피어나 화려한 봄의 소식을 제방 너머로 흩날린다. 찬연하고도 따스한 꽃물결로 얼음장 같은 열 손가락 하나하나 녹여가며 넘실거린다.
 잠시나마 멍하니 다른 생각에 잠겨 있었지만, 이 이야기는 사연 있게 생긴 이목구비와 머릿속의 세계가 한없이 귀여웠던 한 소녀와의 이야기이다.

 27분 정도 길을 걸으며 이어졌던 서로에 대한 뻔한 질문들이 어색했는지, 어색함을 잊으러 쾌활하게 답하는 나의 행동이 거슬렸는지, 존댓말을 하는 나의 말투가 어색했는지, 아니면 처음으로 같은 곳을 바라보며 걸어가는 그 날의 분위기가 어색했는지 정확히 알지는 못하지만, 우리의 발걸음은 쉬이 멈추지 않았다.

산책로 옆에 자리한 벤치를 여섯 개 즈음 지나칠 때까지 주위를 두리번거리며 어색한 침묵을 이어 가는 우리. 결국 벚꽃길의 끝자락에 다다랐을 때조차 멍하니 서 있다, 옅은 미소 씽긋 보여주고서 다시금 뒤돌아 지나온 길들을 걸었다. 그 후로도 이어지는 어색한 침묵 덕분에 소녀의 발걸음이 약간 서둘러지는 듯 느껴졌다. 초조함이 나의 등골을 서늘하게 만든다. 무슨 말로 소녀를 웃음 짓게 만들어야 하나.

싸늘하다. 걷기가 지루한 듯 핸드폰을 들어 시계를 보는 소녀의 움직임이 비수처럼 나의 가슴에 날아와 꽂힌다. 이 말을 할까? 아니, 저 말을 할까? 고등학교 시절 국어를 못 해 주제를 모르고, 수학을 못 해 분수를 모르던 시절이 떠오른다. "만두 이야기 아세요? 그럴 만두 하지." 따위와 같이 정리되지 못한 수만 가지 단어들만 나의 머릿속에 회오리처럼 떠다닌다. "수박 이야기 모르세요? 그럴 수밖에."

앞서 지나쳐간 벤치를 네 개쯤 더 지나쳤을까. 흐리멍텅하게 초점을 잃어 가는 나의 눈동자는 그때까지도 정신을 차리지 못했고, 흘러만 가는 시간을 말없이 밟아갔다.

"잠깐 쉬었다 갈까?"

하는 나의 물음에 소녀는 가냘픈 고개를 끄덕이다, 바람에 부풀어져 살랑거리는 원피스를 정돈하고선 발걸음을 멈췄다. 순간, 바람에 묻어 흩날리는 소녀의 머리카락은 주위에서 흐르고 있는 시간 따윈 아무런 상관이 없다는 듯 아주 느릿하게, 느릿하게 나풀거린다. 벚꽃잎처럼.

나는 소녀에게 남극의 빙하가 녹는 것에 따른 해수면 상승의 피해와 그 해결책에 대해 이야기 했고, 소녀는 도농융합으로 미래 농업을 이끌어 가는 애그테크가 과연 미래의 신 성장 동력을 이루어 낼 수 있는지에 대해 물었다. 경전선 전철화 사업의 실효성, 청년 일자리 창출과 저출산 문제의 해결책들에 대해 열띤 토론을 하다, 친구들과 나이트에 놀러 가서 부킹을 하던 중, 여자 친구가 교통사고로 다쳤다는 연락을 받고 병원에 갔더니, 거기에는 다른 남자가 울며 내 애인이라고 간호를 하고 있다면? 나는 나이트로 돌아가야 하는지, 여자 친구가 깰 때까지 기다려야 하는지에 대해 다양한 시각으로

논의하며 깊이 있는 대화를 이어갔다.

  소녀는 총명했다. 그토록 순진한 외모를 가지고 있으면서 그렇게 꿋꿋하고, 마음씨 곱고, 친절할 뿐 아니라 진실로 착하고, 활동적이면서도 발랄하고, 마음에 침착한 여유를 지니고 있을 줄이야. 이제는 이전에 느꼈던 어색함도 사라진 지 오래. 16분 48초 즈음 이어졌던 대화를 끝으로, 우리의 가슴도 주변을 가득 메우고 있는 꽃들처럼 희미한 붉은 빛으로 조금씩 물들어가는 듯했다.

  남쪽에서 불어오는 바람결에 연분홍 꽃잎들은 나비보다 고운 자태를 뽐내며 산책로 위로 하늘하늘 피어난다. 눈앞으로 어지러이 쓸려 다니다, 산지사방을 빼곡히 채우던 그 나비들 사이로 소녀의 모습이 찬연하게 떠오른다. 천천히, 아주 천천히. 나 혼자만 보기 아까운 소녀의 이 모습, 백옥 같은 도화지 위로 흐릿한 그리움을 머금었는지 수채화처럼 번져가는 소녀의 눈망울, 유달리 긴 속눈썹과 탐욕스럽게 갈라져 있는 쌍꺼풀 너머로 비취는 청명한 호수는 바이칼보다 깊었고, 보르도에 있는 거울 광장보다 화려했으며, 호카곶에서 마주하는 석양보다 따사로웠다.

 너무나도 짧았고, 꿈만 같았다. 다들 아시다시피, 이쯤에서 이야기가 해피 엔딩으로 마무리됐었다면 지금의 글은 쓰지도 않았겠지.
 소녀와 함께 길 위에 머물렀던 시간은 겨우 56분 남짓. 물론, 이제는 영화와도 같았던 그 날의 기억조차 추억으로 남겨져 있지 않는다.

 그 시절, 차갑게 돌아서며 그만하자는 소녀의 목소리가 잔잔하게 떨려온다. 아무런 움직임 없던 심장 아래로 자그마한 물결이 일렁인다. 잔잔했던 일렁거림은 가슴속에 고여 있던 추억이라는 웅덩이에 여러 겹의 파문을 만들고, 격동적인 파도로 변해 모든 것을 지워 버리는 해일처럼, 미련하나 남기지 않은 채 휩쓸고 떠나갔다.

 만약 소녀에게 계절이 있다면, 첫 만남의 봄보다는 여름을 닮았다고 이야기하련다. 소녀가 여름을 닮은 것이 아닌, 여름이 소녀를 닮은 게 맞을 정도로. 그리고 나는 그런 여름을 사랑했다. 단순히 '수박이 맛있어서' 따위와 같은 이유는 결단코 아니다. 하지만 당연하듯, 이제 나는 여름이 싫다. 소녀의 향기 같은 여름 공기에 짙은 농도가, 입 안 가득 달콤함으로 사로잡는 마카롱 같은 텁텁한 감각이, 여름 특유의 물비린내가, 질식할 것 같은 온도가.

고등학교 시절 영어를 못 해 영문을 모르고, 국어를 못 해 주제도 모르고, 수학을 못 해 분수까지 몰랐던 순간들이 떠오른다. 소녀의 이야기가 끝맺어지던 순간, 그때 당시 가슴 속에 완성되지 못한 문장들은 역류하는 위산처럼 목구멍 사이로 울컥이다 뱉어지지 못하고, 어딘가에 비릿하게 쌓여버렸다. 소녀와 함께 차가운 술 한 잔 손에 들었다면, 마음속 맴돌고 있는 애절함을 모조리 호소할 수 있었을까? 크게 발광하거나 소리치다 눈물을 흘리고 통곡했다면, 쌓여있는 응어리와 아쉬움들을 모조리 씻어낼 수 있었을까?

언젠가 소녀가 빼앗아간 나의 여름이 다가오겠지만, 오늘도 소녀 덕분에 나는 여름을 밀쳐낸다. 여름이 가까워짐에 알게 된 사실이 있다. 소녀는 여름 그 자체였구나. 그 사실이 나를 또 한 번 무너뜨린다. 몇 번의 여름이 떠나야 소녀를 잊을까.

오늘도 소녀의 얼굴을 떠올리며 그림을 그린다. 흘러내린 눈물에 추억을 풀어 그림을 그린다. 눈물 한 덩이 손가락에 짙게 바르고 추억 속으로 푹 눌러 찍어, 투명한 도화지 위로 휘적거리듯 소녀를 그린다. 눈물을 머금고 있는 손가락의 느낌이 썩 나쁘지 않다. 투명한 도화지에서 물감이 주르륵 흘러내린다. 손가락 한 마디 톡톡 털어낸다. 움직이는 손놀림에 닭살이 돋아난다.

이미 늦었다. 농도 조절에 실패한 수채화처럼 모든 것들이 흐릿하게 희미해져 간다.

다시금 불어오는 봄바람 덕분에 사방으로 어지러이 흩날리는 벚꽃잎들 한 대 모아 두었다가 강물 위로 홀연히 놓아 준다면, 그 순간에는 모든 그리움들이 아득하고 깊은 수면 아래로 찰랑거리며 가라앉을 수 있을까? 그 길은 처음으로 소녀와 함께 걸었었고, 그 순간이 소녀와의 마지막 걸음이었다.

그날 이후로 겨울이 가고 또다시 봄이 왔다. 허나, 꽃이 핀다고 이제는 더 이상 소녀를 떠올리지 않으리.

안풍동 수동마을 망월정

 이 이야기는 내 고향 수덕과 멀지 않은 거리에 있는, 순천만과 인접해 풍광이 수려하고 공기가 좋아 쉬어 가기 좋은, 안풍동 수동마을에서 전해 내려오는, 아름다운 천생연분에 관한 이야기이다.

 통일신라 때 지금의 순천시 안풍동 수동마을에 송월이라 불리우는 아리따운 아가씨가 살았다. 그리고 그녀가 살고 있는 마을 근처 산 아래에는 연못이 하나 있었다. 연못은 산에서 흐르는 물을 모조리 가두어 두었고, 갈대가 쓸려 다니는 평야 건너 순천만까지 연결되어 있었다.

 연못의 주변에는 이름 없는 장인이 소일거리로 깎아 놓았는지 빼어나 보이는 석등들이 놓여 있었고, 기암절벽을 닮은 괴석들도 한자리를 차지하고서 자신의 모습을 뽐내고 있다. 연못을 빙 두르고 울창하게 자라나 있는 소나무와 버드나무, 배롱나무들 또한 연못의 분위기를 한층 화려하게 만들어 주었으며, 나무의 밑동에 놓여있는 돌들은 이끼까지 덮여 있어 고즈넉한 신묘함까지 느껴지게 만들었고, 모나지 않게 어우러져 있는 그 모습들 덕분에 연못은 화려하면서도 아늑했다.

 서론은 짧게 마무리하고, 이 사연의 주인공 송월에 대해 이야기해보자. 그녀의 머리카락은 짙푸른 밤이 녹아든 듯 칠흑처럼 어두웠고, 피부는 터질 듯 부풀어 오른 보름달의 기운을 가득 머금어 빛이 없어도 반짝였다. 음영이 져 있는 커다란 눈, 그 안에 자리한 눈동자는 소나무처럼 청초했으며, 계란형 얼굴에 달큰한 복숭아를 한껏 깨물어 먹은듯한 향기를 풍기는 입술, 그리고 그녀의 모든 표정에는 연두색 새순들이 보송하게 피어난 듯한 청량감을 품고 있었다.

 또한 그녀의 하루는 유별났다. 송월은 매일 같은 시간에 연못 주변을 산책했다. 그녀의 특이한 취미라면 취미일까? 그녀는 하루도 빼먹지 않고 연못에 살고 있는 물고기들에게 먹이를 던져주었다. 얼마나 오랫동안 먹이를 주었는지, 이제는 물고기들도 송월이 나타날 때 즈음이 되면 알아서 물 위로 몰려들어 입을 벙긋거릴 정도였다.

 한동안 비가 내리지 않았는지, 연못 멀리에 떨어져 있는 몇몇 나무는 가지마다 시든 잎사귀를 팔랑거렸지만, 연못에 물은 여전히 가물지 않고 넉넉하게 찰랑거리고 있다. 불어온 바람결에 실려 온 낙엽들은 작고 흰 마름풀과 어우러지고 물가를 어수선히 떠다닌다. 앙증맞은 연꽃이 피어난 자리 옆으로 돋아난 물풀들이 저마다의 아련한 푸르름으로 주위를 더욱 진하게 수놓는다.

차분했던 연못 주위로 아이들이 웅성웅성 몰려든다. 고사리손마다 자그마한 돌멩이를 들고 있던 아이들이 돌을 연못으로 던지자, '털벙' 하는 소리와 함께 유유히 헤엄치던 고기들은 사방으로 흩어진다. 연못 주변을 뛰어다니던 개구리들도 야단스레 울어 대다, 순식간에 연잎 아래로 숨어든다. 수면 위로 작은 동그라미가 하나둘 돋아나고, 담방 담방 메아리친다. 연못 둘레를 빙빙 돌며 물속을 기웃 기웃거리던 새들도 아이들의 자지러지는 웃음소리를 피해 애처로운 날갯짓을 이어갔다. 소리가 잦아들고, 엉성하게 떠 있는 수련 이파리 사이로 옅은 바람이 지나간다.

송월이 연못가에 주저앉아 자그마한 곡식들을 떨어뜨린다. 갈대처럼 길게 뻗은 손가락 너머에서 '담방' 하는 소리와 함께 먹이가 연못으로 굴러 떨어진다. 한차례 소란이 끝난 후, 잔잔했던 수면 위로 실물결이 일어난다. 연못을 유유히 헤엄치던 이름 모를 물고기들은 꿈틀거리며 먹이로 달려들었다. 몰려드는 고기들 덕분에 수면 위로 물비늘이 도드라지게 일렁거린다. 뒤틀어지는 파문에도 연못에 비친 송월의 모습은 여전히 눈부셨고, 무척이나 고왔다.

이제 이 사연의 두 번째 주인공 망죽랑에 대해 이야기해 보자. 인근 산 좋고, 물 좋고, 공기 좋은 마을에 망죽랑이라는 서라벌(지금의 경주) 청년이 공부를 위해 기거하고 있었다. 이름에서부터 느껴지다시피, 그의 외모는 멀리서 보아도 훤칠했다. 굵게 자리 잡은 콧날은 하늘 높이 죽죽 뻗어가는 대나무의 끝단 같았고, 바닥에 짙은 발자국을 우직하게 남기며 휘어지다 튕기는 발걸음에는 사나이의 절개가 느껴진다. 아침 햇살 같은 짙은 태양을 연상케

하는 살결, 천 줄기 잔 나무 사이에서도 그의 목소리는 낭창하게 그지없었다. 또한 어떤 것에도 의지하지 않고, 겨울 설한풍 속에서도 청청한 잎을 지켜갈 듯한 고절함도 느껴진다. 구름 끝에 머금은 빗물 방울이 그의 이마 위로 토닥이며 떨어질 때, 그의 입가에 머금어지는 미소는 봄 햇살을 더욱 화사하게 꾸미고, 그의 옷자락을 스치며 나부끼는 맑은 바람에는 은은한 청초함마저도 더욱더 짙게 스며들었다.

망죽랑은 이따금 공부를 하다 굳어가는 머리를 식힐 때면 근처에 있는 연못을 거닐었다. 당연하게도 송월도 그곳에서 물고기에게 먹이를 주고 있다. 마을의 연못에서 두 남녀가 자신들의 존재를 뽐낸다. 노을 아래에서, 흰 모래와 소나무 그리고 푸른 대나무가 어우러진다. 차이라고 하면 송월은 물고기에게 먹이를 주느라 정신이 없었고, 망죽랑은 그런 송월에게 빠져 정신이 없을 뿐.

먼발치에 서서 그녀를 바라보는 한 남자가 있다. 이름에서 알다시피 밝은 눈을 가진 남자였다. 섬섬옥수 같은 그녀의 손가락에서 알알이 떨어지는 무언가를 유심히 바라본다. 잔잔하던 연못의 일렁임이 점차 커진다. 밀려오는 물결 위로 차랑차랑한 파문이 번져 간다. 건너편, 보일 듯 말 듯한 둔치에서부터 시작된 떨림은, 숨죽이고 머물러 있는 그의 가슴 속까지 스스럼없이 밀려온다. 연못을 둘러싼 호기심 많은 아이들의 웃음소리와 지저귀는 새들, 연못을 휘젓고 다니며 수면 위로 치솟는 물고기들이 그의 심장을 쑤신다. 심장 박동이 바람에 흔들리는 갈대처럼 춤을 춘다. 등잔불보다 잔망스러운 호기심이 밀려온다.

다만, 그날 이후 망죽랑은 공부에 집중해야 하는 자신의 상황을 직시하고, 연못으로 향하는 발걸음을 삼갔다. 그녀가 있음직한 연못 대신 너른 들로, 산으로 향했다. 다짐하고 또 다짐했다. 이름 모를 그녀에게 더 이상 마음을 빼앗겨서는 안 된다고.

여름 한낮, 쉼표나 마침표 따위 하나 없는 태양의 시간은 은유도 없고, 지루하고, 길기만 한 사서삼경 같았다. 여름내 그는 들녘을 쏘다니며 불러지지 않는, 닿을 수 없는 그녀의 모습을 생각했다. 생각에는 길이 없어, 그녀가 떨어뜨린 물결 주위만 겉돌고 헤매었다. 특별히 그녀의 모습에 대한 생각이 생각되어지지도 않았을 것이다. 다만, 생각되어지지 않는 생각들이 그의 가슴 속에 쌓여갈수록, 아프고도 슬펐을 것이다. 먼발치에 서서 가만히 바라만 봤던 그녀의 그림자가 이제는 덧없이 멀어져 보이지 않는데, 보이지 않는 그녀의 기별도 바람에 실려가 손닿을 곳 없이 희미해져 간다. 그녀의 모습이 너른 벌판과 갯벌을 지나고, 밀물과 썰물이 몰려가듯, 이제는 하염없이 생각의 저편으로 밀려만 간다.

이제는 바다로 향하는 작은 물줄기 위로 추억들을 실으련다. 부질없는 허울들도 모조리 쓸려갈 수 있게. 다만, 그녀에게 젖어든 그의 마음이 물에 젖은 갯벌처럼 치덕거린다. 끊임없이 질척거린다.

몇 번의 해가 뜨고 달이 져도, 등잔불 마냥 금방이라도 꺼질 듯 낮게 일렁이던 호기심의 불꽃은 잦아들 기미를 보이지 않았다. 그제에 자그마했던 불씨는, 어느덧 청춘이라 불리우는 망아지의 꼬리에 불을 질렀다. 불이 붙은 망아지는 천지사방을 방정맞게 뛰어다니며 망죽랑의 가슴에 더욱 격렬한 호기심을 불타오르게 만들었고, 망죽랑의 발걸음 또한 자신도 의식하지 못한 채 매일동안 연못가로 향했다.

그는 오늘도 쉬이 다가서지 못하고, 먼발치에서 송월을 바라보며 머뭇거렸다. 연못가를 맴돌다 돌아서기를 수십 번. 어제도 그랬듯, 오늘도 이어지지 못하는 마음 안타까워하며 저편에 홀로 머물러 머뭇거리고 있다. 여러 날 동안 이러지도 저러지도 못한 채, 시간은 야속하게도 속절없이 흘러갔다. 그러던 중, 망죽랑은 난데없이 서라벌로 돌아갈 결심을 하게 되었고, 마지막 만남이 되리라는 생각에 그날 밤 용기를 내어 송월에게 다가갔다.

송월은 난데없이 나타난 청년 때문에 흠칫 놀랐지만, 청년의 훤칠한 외모와 선한 눈빛에 반해버린 듯, 부끄러워하며 자신도 모르게 자리를 피하고 말았다. 당차게 다가섰지만 별다른 말 한마디 붙여보지 못한 망죽랑은 또 한 번 밤새 고민을 하다, 말보다는 글이 나을 것 같아 송월을 생각하며 편지를 썼다.

안녕하시오 낭자.

본인은 관에 취직하고자 공부를 하러 서라벌에서 잠시 내려온 망죽랑이라 하오. 처음 낭자를 보게 된 것은 점심을 먹고 공부를 하다 밀려오는 잡스러운 생각들에 머릿속이 심히 어지러울 때였소. 나는 여느 때와 다름없이 떨쳐지지 않는 부산스러움을 해소하고자, 밖으로 나와 물가를 산책하는 중이었다오.

서쪽에서는 축축한 바람이 불어오고 서늘한 회색 비구름이 갈대밭 속으로 몰려들었지만, 그러한 사정 따위를 신경 쓰고 싶지도 않았었소. 한참을 멍하니 바위 사이를 기어 다니듯 휘적거리다, 물가 너머에 서 있는 낭자를 보았다오. 꽤 멀찍이 떨어진 곳이었으나, 노랗고 푸르른 기운이 서려 있는 낭자의 얼굴에 흥미를 느낄 수밖에 없었소.

　그때 당시 낭자의 얼굴에는 조용한 슬픔이 감도는 것 같았으나, 입술은 붉은 꽃망울이 맺혀 있었고, 낭자의 자태는 용담초처럼 청초했으며, 낭자의 눈꼬리에는 착하고 올곧은 마음씨가 나타나 있었다오. 검은 머리칼은 단아하게 묶여 등허리 아래로 길게 늘어뜨려져 있고, 나풀거리는 치맛단을 보아하니 하늘에서 내려온 선녀가 아닐까 생각도 했었소. 내 서라벌에서 나고 자랐지만서도, 낭자와 같이 고귀한 미모를 가진 이는 내 결단코 본 적이 없었다오.

　당시 연못은 어린아이들의 웃음소리와 지저귀는 새들로 개판 오 분 전 시장의 저자거리가 무색할 만큼 난리 통을 이루었으나, 차분한 미소를 품고 물가로 무언가를 떨어뜨리는 낭자의 자태는 내 정신을 혼절하게 만들었으며, 내 혼백마저 심란케 만들었고, 내 넋을 앗아가기에 충분히 아름다웠다오.

　관직에 오르기 위해 공부를 하는 문화 청년으로서 아직은 공맹의 도리를 다 알지 못하고, 수학이 부족하여 분수를 모르고, 국어를 못 해 주제를 모르고, 영어를 몰라 영문도 없으나, 멀리서만 바라보는 것이 초면의 예가 아니라 생각하여, 그때는 결례를 무릅쓰고 스리슬쩍 낭자의 곁으로 다가갈 수밖에 없었소.

내가 가까이 갔을 때 낭자는 인기척에 뒤를 돌아보았고, 내 심장은 잠잠할 수 없게 요동치고 또 박동했다오. 나는 낭자에게 '무엇을 하고 있나.' 물었고, '물고기에게 먹이를 주고 있다.' 낭자는 대답하였소. 그 후로 나는 미소를 지으며 뒤돌아 멀어지는 낭자의 모습만 지켜볼 뿐, 그 외 별다른 것을 시도할 생각도, 방법도 알지 못했다오.

그날에 낭자를 뒤쫓아가 물 흐르듯 밀려 나오는 궁금증들을 쏟아 내려 했으나, 공맹의 도리를 다시금 상기하고서 낭자에게 향하는 발걸음을 겨우 멈출 수 있었다오. 그 뒤로, 낭자의 그림자는 수면 아래로 잠기고, 내가 머물러 있던 다리 위에는 너무도 많은 그리움이 쌓이게 되었다오. 또한, 낭자의 고결한 인격과 활달한 미모는 나를 밤마다 잠 못 들게 하였고, 낭자의 완벽함과 비교될 정도로 부족한 나의 모습에 매일 밤 진저리를 쳤다오.

그날 이후 홀로 머물며 측은히 넘겨지는 하루를 견뎌내려 내 노력도 해 보았으나, 이미 낭자를 향한 그리움이 웅덩이처럼 깊어져 버린 가슴으로 내 어찌 하루를 견뎌낼 수 있을까? 심히 염려가 되기도 했다오. 이제껏 그저 견뎌내지 못하고, 그때에 낭자에게 내 마음을 못다 전한 것이 못내 아쉽고 송구함을 이루다 말로 표현할 길이 없어 이제야 낭자에게 서신을 남기오.

낭자여. 이 전의 머뭇거림이 사내답지 못하여 못내 아쉽기는 하나, 내 다시 서라벌로 돌아가 공부에 매진하려 하오. 훗날, 낭자 앞에 서기에 부끄럽지 않은 이가 되어 다시 돌아오겠소. 혹여나, 이 순간 이후로 낭자의 모습을 잃어버린다면, 나는 낭자를 처음 보았던 그 순간만큼의 행복은 영원히 찾지 못할 것이오.

내 그리 탐탁지 않아 보이고 못 미더울지라도, 훗날 이곳으로 다시 돌아와 낭자의 손에 물 한 방울 묻히지 않고 행복하게 만들어 드리리이다. 그러니, 내 다시 돌아올 그 날 까지 부디 안녕히. 이만 총총.

내용을 요약해 요즘 말로 바꿔 보자면, 자신은 망죽랑이라는 사람인데 집은 강남, 고시 공부를 하러 순천에 내려왔다가, 호수공원을 산책하던 중 송월을 만나 한눈에 반했다. 네 덕분에 공부하는데 집중이 안 되니, 다시 강남에서 공부하다가 고시에 합격하면 찾아오겠다. 그때 결혼하자. 정도로 요약할 수 있을 것 같다.

다음날, 연못에 나와 평소와 다름없이 먹이를 주고 있는 송월을 찾아간 망죽랑은 그녀에게 편지를 건네주고 대답을 들을 틈도 없이 황급히 자리를 피하였다.

가까이서 보니 더욱 밝고 수려한 그의 외모 덕분일까? 송월은 서둘러 집으로 돌아와 망죽랑의 편지를 읽으며 부드러운 미소를 지었다. 굵은 얼굴선에 어울리지 않는 수줍음을 품고 웃음 짓던, 훤칠한 걸음으로 조금씩 멀어지던 그의 모습이 마냥 싫지만은 않았던 모양이다.

각설하고, 편지에 담긴 망죽랑의 감정에 그녀 또한 마음이 동했는지, 그녀의 얼굴에 아름다운 미소가 떠올랐다. 아마 모르긴 몰라도, 그녀가 짓고 있는 지금의 표정을 망죽랑이 보았다면, 분명히 그녀를 두고 서라벌로 돌아가지 못했으리라 믿어 의심치 않는다.

그리움과 궁금증을 품고서 며칠이나 지새웠을까? 송월에게 넌지시 물어나 볼걸, 한마디라도 더 건네어 볼걸, 따위의 아쉬움과 애석함이 망죽랑의 바짓가랑이에 들러붙어 그는 여전히 순천을 떠나지 못하고 있었다. 한달음에 연못으로 가고 싶었으리라. 쉬이 떠오르지 않는 그녀의 모습만 그리워하며 연못만 바라보고, 뜨고 저무는 해를 새었으리라.

 갈대밭 사이를 휘휘적 거리며 걷는다. 발아래 낮게 깔린 들풀 사이로 바람이 흐른다. 슬픔이 방울져 그의 발아래로 내린다. 활짝 핀 목련꽃 같던 그녀의 눈동자를 떠올리다, 더욱 서글퍼지는 슬픔들이 그의 발밑 아래로 하나둘 쌓여간다.

 그때, 저 멀리서 그녀가 다가온다. 망죽랑은 긴 소매를 접어 서둘러 눈 주위를 훔쳐낸다. 점차 그에게 다가오는 송월의 얼굴이 비추인다. 달빛을 머금은 그녀의 미소가 떠오른다. 그 미소보다 더욱 진한 향기도 넘실거리며 날아온다. 마주한 망죽랑에게 수줍은 서신 한 장 내어주고서 그녀는 뒤돌아 떠나갔다.

 서둘러 집으로 돌아온 그는 그녀가 건네준 서신을 펼쳐보았다. 그녀의 답장은 이랬다. 자신 역시 망죽랑을 보고 한눈에 마음을 빼앗겼으나 아녀자로서 함부로 처신하기가 힘드니, 서둘러 공부를 마치고 돌아와 부모님께 허락을 받고 식을 올리자는 답신이었다.

 그 다음날. 이제껏 순천에서 머뭇거리던 망죽랑은 송월을 향한 애틋한 마음만 간직한 채로 서둘러 서라벌로 향했고, 그곳에서 모든 것을 잊은 채 공부에 몰두하였다.

그 후, 몇 해가 지나고. 어느새 송월은 혼인을 해야 할 나이가 되었다. 그녀의 부모는 혼인 시기가 되었음에도 결혼할 생각은 하지 않고 하염없이 연못가만 맴돌며 물고기에게 먹이를 주고 있는 그녀의 모습이 썩 못마땅했는지, 이 마을 저 마을을 들쑤시고 다니며 송월의 신랑감을 알아보기에 이르렀는데. 이미 송월의 마음속에는 망죽랑이 자리를 잡고 있던 터라 그녀는 다른 이와의 혼인을 완강히 거절하였고, 누구도 그녀를 이길 수 없었다.

그러나 헤아릴 수 없을 정도로 낮과 밤이 지나고, 몇 번의 계절이 바뀌어도 망죽랑은 소식 한번이 없었다. 그러자 송월의 부모는 참다 참다 그녀의 혼인을 미룰 수 없다고 생각한 나머지, 이웃 마을에 사는 강사랑이라는 남자와 강제로 혼인을 시켜야겠다. 결심하기에 이르는데. 이 소식을 전해 들은 송월은, 서신 한 통 보내지 않는 망죽랑을 그리고 또 그리워하다 시름시름 앓는 지경에 이르렀다.

또 몇 번의 해가 지고 달이 떠올랐을까? 망죽랑을 기다리다 자리에 몸져 누워 있던 송월은 이제 정말 마지막이라는 심정으로 책상에 앉아 떨어지는 달빛을 맞으며 그리움 서려 있는 편지지에 자신의 감정을 한 글자씩 적어 내렸다. 빈 종이 위로 부드럽게 이어지는 그녀의 손놀림이 사뭇 애처롭다. 혹여 방울져 내리는 슬픔에 먹이 흐릿해져 자신의 감정이 온전히 전해지지 않을까 걱정하며, 망죽랑을 향한 그리움들을 한 글자씩 눌러 적었다.

팔각 창호문 너머 문창살에 붉은빛이 저며 든다. 해가 막 들판 너머로 넘어가는 중이다. 송월은 몸을 일으켰다. 방문을 열자 풀잎을 스쳐 가는 바람이 밀려온다. 그녀의 등허리를 부드럽게 쓰다듬으며 어서 나가자 손짓한다. 그녀의 무릎까지 저녁노을에 잠겨 든다. 가물거리던 호롱불이 타오른다.
　송월이 연못가에 다다를 무렵, 연못 또한 황금빛으로 반짝였다. 시린 바람이 부는지, 너른 갈대밭 너머로 이글거리는 붉은 해는 서둘러 넘어간다. 개구리들은 사라진 지 오래, 모퉁이에 심겨진 나무들까지도 부드럽게 비추고 떨어진다.

　어느덧 어둠이 찬연하게 내린 연못에 서슬 퍼런 초승달 빛 쏟아진다. 칙칙한 소나무는 회색빛 사이에 숨죽여 머물러 있다. 달빛 속에서 색채의 구분은 사라지고, 숨길 수 없는 그녀의 자태만이 도드라져 있다.
　숲의 어둠은 더욱 짙어지고, 새들은 낮게 날며 석양의 흔적을 쫓아 떠나간다. 회색빛 숲을 걷는 수척한 여인의 발걸음을 따라 바람은 그림자처럼 일렁거리며 그녀를 쫓는다.

　그녀가 먼 곳을 바라본다. 시야 너머로 빠르게 멀어지는 물살을 바라본다. 빈약한 물줄기 덕에 미처 빠져나가지 못한 물고기들도 저녁 썰물에 멀어진 바다로 되돌아간다. 송월은 멀어진 것들에게 기별을 전하듯, 물가에 젖은 갈대밭 사이, 뻘 너머로 질척거리는 종이배에 편지를 실어 보낸다. 그녀의 마음이 그에게 닿기를 염원하며, 바다로 향하는 작은 물줄기 위로 젖은 추억들을 실어 보낸다. 물에 젖은 갯벌이, 젖어든 그녀의 주위로 치덕거린다. 조심스레 연못 위 띄워 놓은 종이배는 일렁일렁 좌우로 요동치다 잔잔한 물속으로 가라앉는다. 사부작거리며 보이지 않는 바다 곁으로 조심스레 가라앉는다.

 서라벌에서 공부를 하다 마음이 심란해진 망죽랑은 송월을 그리워하며 그 날따라 강가로 향했으리라. 산책을 하며 머리를 식히던 중, 마침 어부 한 명이 광주리에 물고기를 가득 담고 지나가는 것이 아니겠는가? 멀찍이서 광주리에 담긴 싱싱한 물고기를 가만히 바라보던 망죽랑은, 문득 어머니 생각이 나 커다란 물고기 몇 마리를 사서 집으로 돌아왔다. 그리고 어머니를 위해 손수 물고기를 손질하였는데, 가장 커다란 물고기의 내장을 조심스레 손질하려던 찰나, 놀랍게도 고기의 배 속에서 편지가 한 통 나오는 것이 아닌가?

 그리운 낭군님에게

 한동안 방안에서 그리움에 사무쳐 머물러있다, 참을 수 없는 낭군님 생각에 밖으로 나와 길을 걸었습니다. 낭군님이 돌아오시는 기일을 소녀와 약조하지는 않았지만, 그때에 연못에서 손등이 새까맣게 될 때까지 뛰어놀던 아이들이 벌써 자라나 뿔뿔이 흩어져 없고, 새들도 철을 따라 날아갔으며, 늙은 거북이들만 여전히 연못에 머물며 햇볕을 쬐고, 지혜로운 눈빛으로 세상을 지긋이 바라보고 있습니다.

 지난겨울. 낭군님과 함께하지 못한, 홀로 한가로웠던 긴 시간들이 사무치게 아쉽습니다. 그날은 태양이 없었고, 바람이 휘몰아쳤으며, 별들도 빛을 잃은 채 어둠에 지워져 있었습니다.

서른 번씩 몇 번의 밤을 지새웠는지, 아마 머지않아 긴 겨울이 또다시 시작될 것 같습니다. 털배자가 진눈깨비에 젖고, 얹혀 있던 눈이 녹아들면. 그 차가웠던 공기가 떠나가고, 백화가 만발한다면. 그때에는, 진정 그때에는 낭군님이 소녀 곁으로 돌아오실까요?

오늘도 연못가에 주저앉아 바람 따라 흐르는 물결 위에서 조용히 흐느낍니다. 몇 마리의 백색 오리만 잠방거리며 물결치어, 자꾸만 물가로 기울어져 가는 소녀의 슬픔을 위로합니다.

주인 잃은 나룻배는 격정에 휘몰린 제 마음처럼 흔들거리다, 잦아드는 바람에 점차 평온함을 찾아가지만, 소녀의 마음이 꼭 그와 같지는 않나 봅니다.

편지를 쓰기 전, 막 목욕을 마치고 돌아왔습니다. 산골짜기에 흐르는 시냇물이 차고 시원했습니다. 아침보다는 기분이 무척 가뿐해져 곧 날아오를 것만도 같습니다. 날아서라도 낭군님을 가까이서 볼 수만 있다면 얼마나 좋을까요. 이 전처럼 먼발치에서나마 낭군님의 목소리를 들을 수 있다면 얼마나 좋을까요. 얼마간의 시간 동안 우리는 이처럼 멀리 떨어져 서로를 기다리기만 해야 할까요. 견딜 수 없는 지금의 고통이 저를 더욱더 힘들게 합니다.

소녀의 하루가 지워질수록, 점점 낭군님의 얼굴이 기억나지 않을수록 자꾸만 초조해지고, 안정을 취할 수가 없습니다. 낭군님이 소녀의 곁을 떠나시지 말았으면... 가시지 않았으면...

허나, 이런 원은 사실 아무런 소용이 없는 것 아니겠습니까. 조금씩 마음이 차분히 가라앉는 것 같다가도, 왜 낭군님께서 주신 편지를 곱씹기만 하면 다시금 기분이 초조해지는 것일까요. 곧 새로운 가을이 오는데, 정말 낭군님이 그립습니다.

새벽에 일어나 다시 편지를 씁니다. 터질 듯 부풀어 오른 감정을 주체 못 한 채로 울며 불다, 다시금 붓을 들었습니다. 혹여나 저의 눈물 때문에 먹이 번져 낭군님을 향한 제 마음이 온전히 전해지지 못할까 무척이나 두렵습니다.

벌어진 창틈 사이로 조금씩 비가 들이칩니다. 참으로 시원스럽습니다. 빗소리가 쉴 새 없이 종알거리며 제 곁으로, 가까이로 다가듭니다. 울적했던 기분이 회복되는 것 같습니다. 지금의 상황을 이겨낼 수 있을 것도 같습니다. 소녀가 생각하는 모든 것, 그리고 앞으로 지켜내야 할 마음들을 간직할 수 있다는 생각이 듭니다. 반가운 현상일까요?

이제 잠은 오지 않습니다. 바람의 서늘한 감촉이 피부에 느껴집니다. 바람에서는 가을 냄새가 납니다. 지금 이 편지를 쓰고 있는 책상 옆으로 귀뚜라미 한 마리가 불쑥 튀어 들어와 앉습니다. 아, 낭군님이 없는 이 방안에는 벌써 가을이 와 있습니다.

낭군님을 만나 깊이에 비례한 사랑을 알았고, 낭군님이 떠나고서야 시간에 비례한 사랑을 알아갑니다. 온갖, 다다를 수 없는 것을 사랑이라 부른다지요. 온갖, 지닐 수 없는 것을 사랑이라 부른다지요. 온갖, 손댈 수 없는 것과 쉬이 부를 수 없는 것을 사랑이라고 부른다지요. 온갖, 다가갈 수 없는 것들과 건너오지 않는 것들을 기어코 사랑이라 부른다지요.

여전히 낭군님이 사랑으로 짙게 눌러 쓴 푸른색 필체를 기억합니다. 낭군님은 내게 바다보다 깊고, 갈대밭보다 넓으며, 하늘보다 높은 사람으로 남겨지길 바랍니다. 혹여나 낭군님이 저와의 약조를 지키기 어려운 상황이 되었다고 한들, 저는 낭군님을 원망하지 않을 것입니다. 영원히 변치 않겠다. 와 같은 부질없는 맹세 따위를 믿지도 않습니다. 영원할 수 없는 것이 영원하기를 바라는 데서 고통이 시작된다고 합니다. 그러한 속박의 굴레로 낭군님을 가두고 싶은 마음은 없습니다.

소녀는 빛도 아니고 어둠도 아닌, 어스름. 그 경계에 오늘도 머물러 있습니다. 빛이기도 하고 어둠이기도 한 어스름 사이에서, 누구도 가늠할 수 없는 깊은 감정으로 낭군님을 기다립니다. 오늘도 연보랏빛 등꽃 같은 낭군님을 생각하면 여지없이 목이 바짝바짝 타들어 가고, 뺨과 귓불까지 붉게 달아올라 편지를 다 쓰고서도 새벽이슬에 세상이 흐려질 때까지 낭군님의 얼굴만을 그리다 잠이 들겠지요. 오늘도 이곳에 머물러 멀리에 있는 낭군님을 그리워하며 슬픔과 그리움, 이 두 말 사이를 서성이며 낭군님의 얼굴을 되새기고 또 되새깁니다.

낭군님을 만나 참 믿기도 하였지만, 낭군님과 함께했던 그 짧은 찰나가 소녀에게는 더없이 큰 행복이었습니다. 낭군님과 백년해락하고 싶은 아쉬운 마음 고이 접어 떠나보내오니, 다시 볼 수 있을 그 날 까지 부디 안녕히. 총총.

송월의 편지를 보고 깜짝 놀란 망죽랑은 서둘러 어머니께 달려가 편지를 보여드리며 순천에서 있었던 이야기들을 전했다. 망죽랑의 어머니는 모든 것이 하늘의 뜻이라며 송월과 혼사를 치르자 말했고, 그길로 망죽랑과 어머니는 서둘러 순천으로 향했다.

그 후 어떻게 되었느냐고? 송월과 망죽랑의 모든 사연을 알게 된 송월의 부모님은 물론 수동마을 사람들조차 하늘이 맺어준 인연이라며 두 사람을 축복해 주었고, 아름다운 혼례식을 치를 수 있었다고 한다. 후에 수동마을 사람들은 두 사람의 천생연분을 기리기 위해 그들이 만났던 연못가에 정자를 지어 망죽랑의 망과 송월의 월을 따 망월정이라 불렀다고 한다.

「망월정의 백년가약」에 기본이 되는 중심사상은, 물고기의 보은 덕분에 이어진 운명적인 사랑 이야기다. 송월이 망죽랑에게 보낸 편지를 물고기가 삼켰고, 그 물고기의 배 속에 든 편지를 우연히 망죽랑이 발견하게 되어 그들의 사랑이 아름다운 결실을 보게 된, 아주 아름다운 사랑 이야기랄까. 송월과 망죽랑이 통일신라 때 실제로 존재했던 역사적 인물인지는 확인할 길은 없으나 망월정이라는 정자의 이름에 아름다운 사랑 이야기를 담아 전승함으로써 사랑의 고귀함을 강조하고 있는, 내 고향 수덕과 멀지 않은 거리에 있는, 순천만과 인접해 풍광이 수려하고 공기가 좋아 쉬어 가기 좋은 안풍동 수동마을에서 전해 내려오는 설화이다.

6월 21일

어느 날 너는 잡히지 않는 멀리로 떠났다. 가지 말라 붙잡았지만, 더 이상 쓸모없다며 놓아둔 작은 인형 하나만 버리고 떠났다. 그리고 나도 버리고 갔다. 버리고 간 것은 사실 쓰레기나 마찬가지다. 나는 너에게 쓰레기였다. 오늘도 밝아오는 석양에 나무의 그림자가 검붉게 타들어 간다. 내 입을 떠난 김을 밤공기가 단숨에 들이 삼킨다.

너와의 만남에서 오해를 하는 것도, 묵묵히 넘겨진 오해를 삼키는 것도 모두 나의 몫이었다. 너는 언제나 나에게 받은 작은 상처는 오래 간직했으면서도, 내가 너에게 주었던 커다란 은혜는 서둘러 망각했다. 상처는 꼭 받아야 할 빚이라 말하면서, 은혜는 굳이 돌려주지 않아도 괜찮은 빚이라 말했다.

너는 항상 일이 바쁘다는 핑계로 늘 내 곁에 없었다. 나는 생일날 케이크에 꼽혀서 고개를 까딱거리던 인형과 함께 벤치에 홀로 앉아 거리에 찾아온 봄을 나만의 방식대로 즐겼다. 어떤 날은 길바닥에 흐드러지게 피어난 자색 꽃잎을 보며 이유 없는 눈물을 삼켰고, 어떤 날은 메리야스 차림으로 거리를 누비는 노숙자처럼 벤치에 누워 봄기운에 몸을 말렸다. 또 어떤 날은 도로가 보이는 2층 창턱에 걸터앉아 커피를 마시며 노래를 흥얼거렸다.

조그맣게 타들어 가는 담뱃불이 한숨에 휩싸인다. 연기는 살아 있는 동물처럼 울부짖고, 우리 두 사람은 괴상한 추억들이 뭉쳐있는 재떨이를 바라보며 바람에 흩날리는 먼지를 지켜보았다.

침묵의 시간, 너의 숨소리를 받아들이려 귀 기울여 너의 맥박을 느낀다. 캄캄한 공간에 시간이 고스란히 쌓인다. 공허 속에 어떤 소용돌이 같은 것이 일어나 침묵을 휩쓸고 떠나간다. 내 앞에서 가늘게 씰룩이는 너의 어깨도, 나의 삶도, 너의 눈물도 부질없다 느껴졌다.

아무도 없는 어둠 속에서 시발점을 찾으려는 듯, 된소리를 짧게 외쳐 본다. 그러자 창밖 초승달 뜬 강물 저편에서 '우' 하는 메아리가 울린다.

우리의 소설이 끝나고 시작된 나의 끝없는 소설은, 네가 떠나고 나서야 너를 더 사랑하게 만드는 비극이었나 보다. 어쩌면 너를 만난 것이 운명이었듯, 나는 필연적으로 비극적 결말에 다다른 것일지도 모른다. 그럼에도 나는 끝까지 이 소설의 끝이 희극이길 바란다. 허나 나의 비극이 소설의 완성일지라도, 개연성 짙은 우리의 인연의 결과가 비극일지라도, 나는 그조차 기껍다.

자꾸만 흐르는 눈물에 너의 그림자가 녹아내려 글자가 된다. 어디에도 기록되지 않고 사라질 바에야, 아무도 읽어 주지 않더라도 내 가슴속에 새기련다. 다음 봄이 왔을 때 되새기련다. 모든 것들은 지나고 난 뒤에라야 지금보다 약간은 더 분명하게 보이는 것이기에.

체념과 편안함이 공존하는, 거울 속에 비치는 나의 눈동자에서 일만 페이지가 넘는 소설의 서사를 읽는다. 내가 보는 풍경은 색이 사라진 풍경.

자, 이제부터 가장 탁한 밤이 시작된다. 이 빛바랜 어둠을 언젠가 만난 적이 있다. 그것은 어느 날의 하늘이기도 했겠지만, 내가 어느 날에 더 이상 원하지 않던 하늘이기도 했을 것이다. 몇 시간이고 지겹도록 바라보아도 짙어질 게 없는 흐릿한 밤. 나는 가장 탁한 어둠 앞에서 아무런 생각 없이 앉아있다. 그저 가장 푸른 새벽이, 너와 내가 함께 있던 그 새벽이 되돌아오기를, 바랄 뿐이다.

별량면 수덕리

 나의 살던 고향은 순천시 별량면 수덕리이다. 이름도 생소한 그곳에서 아빠와 엄마, 할아버지, 할머니, 그리고 사랑하는 누나와 함께 살았다. 이전에는 풍덕동에 살았었다고 전해 들었지만, 할아버지와 아빠가 함께 수덕리에 집을 지었다고 한다. 아마 부모님이 결혼하기 전이었을 것이고, 그 집은 우리 아빠가 태어나서 처음으로 가져본 집이었다고 전해 들었다.

 내 기억 속에 남겨져 있는 수덕집은, 저 멀리서도 분명하게 확인 할 수 있을 정도로 밝은 주황빛이 도는 붉은색 지붕을 가지고 있었다. 그 집에 가려면 버스에서 내린 후, 지겨울 정도로 긴 여름철의 낮이 끝날 때까지는 걸어야만 했다. 한적한 시골길을 따라 높은 돌담이 세워져 있는 길을 한참이나 걸어가는 것은, 유년 시절의 나에게 그리 쉬운 일은 아니었을 것이다.

 집으로 갈 때마다 허공에 날아다니는 흙먼지와 그 너머의 푸르른 하늘을 기억한다. 가끔씩 귀엽다며 내 머리를 쓰다듬고서 스쳐 가는 아주머니들, 가기 싫다고 버팅기는 나의 손을 잡고 억지로 끌고 가는 엄마의 소란스러움 또

한 기억한다. 나는 그 길 위에서 언제나 고요했고, 누구보다 자유 했다. 비탈진 길을 한참 동안 걷다가 왼쪽으로 꺾어 돌면, 물에 탄 물감처럼 흐리멍텅하게 옅은 색으로 바래있는 파란 대문이 하나 나오는데, 그곳이 우리의 집이었다.

그곳에는 듬성듬성 비어버린, 초록빛 잎사귀와 누런 잎사귀가 한 대 어우러진 사철나무 담장이 있었고, 집 둘레를 빙그르르 두르고 있는 물길에서는 젖은 돌 냄새와 시큼한 곰팡이 냄새가 정겹게 풍겼다. 정리되지 않은 감나무와 이름 모를 나무들은 담장 너머로 삐쭉거리며 솟아있어 언제나 앞장서 나를 반겼다.

이제 집 안을 한번 둘러보자. 삐걱거리는 대문을 열고 마당으로 들어선다. 사철나무 울타리는 오랜 세월 동안 한자리에 머물렀던 제 역할이 버거웠는지, 아니면 세월의 모진 풍파에 홀로 부딪혔는지 듬성듬성 비어있었고, 덕분에 멀리에 있는 산의 능선까지도 눈앞에 있는 것처럼 생생하게 비쳤다. 햇빛에 달궈진 회색 보도블록을 밟으며 마당을 가로지른다. 푸릇한 잡초와 이끼들도 블록 틈바구니에 옹기종기 자리를 틀고 앉아 있다. 왠지 봄의 향기가 풍겨오는 듯도 하다.

그 시절, 집 안에 있는 커다란 마당은 나에게 있어 모험을 떠나기 딱 알맞은 장소였다. 봄날에는 피어나던 꽃들을 바라보다, 줄지어 이동하며 마당을 가로지르는 개미 떼를 쫓았다. 나를 피해 도망치는 벌레들을 관찰하는 것은 나의 일과 중 결단코 뺄 수 없는 중요한 일이었고, 그 은밀하고도 대범한 놀이는 왠지 모르게 코끝 간질이는 즐거움이었으며, 세상 그 무엇보다 달콤했다.

한여름, 비가 온 뒤 돌바닥에 말라비틀어진 지렁이를 괴롭히는 것도, 시원스러운 가을에 방심하고 널브러져 있던 풍뎅이와 무당벌레를 괴롭히는 것도 나를 설레게 하는 아주 특별한 모험의 일부였다. 때로는 내가 벌레만큼 작아져 마당 곳곳을 쏘다니며 숨겨진 무언가를 찾거나, 다른 벌레들을 사냥했다. 그때에 일어났던 나의 모든 일과는 스토리가 분명한 모험기였으며, 단순한 관찰로만 끝나는 것이 아니었다. 서사가 진행되는 과정 또한, 유전적 형질의 특성을 지니고 작가적 성향이 뛰어났던 내가 직접 써 내렸던, 아주 걸작이라 불릴만한 작품에서 그려진 주인공의 활약상을 묘사했고... 하아. 헛소리는 여기까지만 하겠다.

사각거리는 발놀림으로 마당을 지나쳐 둥근 아치로 된 흰색 기둥을 마주한다. 정겨운 마음에 살짝 손을 내밀면, 희끗희끗한 무언가가 잔뜩 묻어나는 그런 기둥이다. 신발을 벗어 던지고 덜컥이는 나무문을 연다. 문이 열리면 거실이 나오고, 나무로 된 마룻바닥이 보인다. 지금처럼 나무 무늬 바닥이 아닌, 진짜 니스 칠 된 나무 바닥이었던 것 같다.

거실을 바라보며 정면으로 섰을 때, 왼편에는 안방이, 그리고 그 바로 옆문은 부엌, 정면에 있는 작은방, 오른편에 문을 열면 또 다른 거실이 나오고, 그 안쪽에 있는 또 다른 방과 아궁이가 있는 부엌으로 연결되는 문이 있었다.

그럼 화장실은 어디 있냐고? 화장실은 거실을 지나고, 작은 거실을 지나고, 작은 거실 옆에 있는 방 옆에서 부엌으로 연결되는 문을 통해 밖으로 나간 뒤, 거미줄이 덕지덕지 붙어 있는 창고를 지나치고, 약 아홉 걸음 반 즈음 걷다 보면 얇은 나무판으로 만들어진 문이 나오는데, 거기가 바로 화장실이다. 화장실에 대한 사연들은 너무도 많기에 일단 화장실 이야기는 나중으로 넘어가고, 다시 집 안을 둘러보자.

먼저 안방으로 들어가 보자. 안방에 들어서면, 뛰지 말라는 할아버지의 따스한 목소리가 나를 반긴다. 정면에 있는 커다란 창문과 왼편에 TV장도 뒤이어 나를 반긴다. 다부져 보이는 TV장 안에 조신하게 숨어있는 TV는 우리 집에서 나 다음으로 소중한 보물 중 하나였다. 이 전에는 흑백으로 된 TV를 보다가 새집으로 이사를 오고 나서 큰맘 먹고 컬러 TV를 샀다고 한다. 리모컨도 없던 시절, 타닥타닥 소리를 내며 다이얼을 돌려야지만 채널이 돌아갔던 TV. 지금의 내 배처럼 불뚝 튀어나온 브라운관 TV는 자개농 위, 나무 상자 안에서 할머니와 할아버지에게 세상의 소리를 들려주고 있었다.

그 시절 TV에서 나오는 만화를 보기 위해 안방에 들어가고 싶기도 했지만, 내가 안방으로 들어가야만 하는 가장 큰 이유는 창문 맞은편에 붙어 있던 자그마한 쪽문의 존재였다. 쪽문을 열면 가파른 나무 계단이 나오는데, 그 계단을 오르면 다락방이, 한 층을 더 올라가면 옥탑방이 나를 기다리고 있었다.

TV를 보고 있는 할아버지와 할머니의 눈을 피해, 누나와 함께 얇은 보자기를 뒤집어쓰고 쪽문을 향해 기어간다. TV에서 들려오는 방청객들의 웃음소리에 맞춰, 꼬맹이 2명이 겨우 통과할 만큼 쪽문을 연다. '끼긱' 거리는 소리와 함께 천천히 열리던 쪽문. 그 너머로 나무로 된 계단이 산 같은 위용을 선보인다.

살며시 계단을 기어오른다. 내 시선 위에 새까맣고 끝이 뭉툭한 어둠이 머물러 있다. 손을 뻗으면 진득한 검댕이가 몰캉거리며 잡힐 듯 모여들다가도,

한발 다가서는 순간 어둠은 금세 흩어졌다. 계단이 삐걱거리며 소리를 낼 때마다, 조막만한 우리의 심장은 더욱 자그마하게 수축했다.

한 발짝씩 다락과 가까워져 갈수록, 천장에서는 끼익 끼익 거리는 소리와 함께 검은 가루 같은 것들이 우리의 어깨와 이마로 떨어졌다. 차근차근 손과 발을 내딛어가며 계단을 오르다, 두근거리는 심장을 부여잡고 슬며시 뒤를 돌아본다. 다행히도 사랑하는 누나가 아직 나를 잘 따라오고 있다. 달음박질하는 심장을 부여잡고 마지막 계단을 밟자, 어두운 다락방의 그림자가 어렴풋한 걸음으로 나를 덮쳐온다. 날이 맑고 햇살이 좋은 날에는 천장 즈음에 있는 자그마한 창문에서 비치는 빛줄기가 다락을 밝혔지만, 가장 짙은 어둠도 가장 흐린 빛에 사라진다는 말이 무색할 정도로 다락은 어두웠고, 그에 맞춰 우리의 심장은 더욱 격정적으로 박동했다.

그때에 다락은 얇상한 빈틈조차 남겨 놓지 않고 엄청나게 많은 물건들로 빽빽하게 들어차 있었다. 좁다란 길 양옆으로 누구의 것인지 알 수 없는 책, 신문, 접시, 전단지, 화장대, 부러진 의자, 액자, 인형 따위의 잡다한 물건들이 금방이라도 넘어갈 것처럼 위태롭게 쌓여 있었고, 먼지 뭉치와 거미줄이 번데기처럼 물건 사이사이에 매달려 있어 그들의 위태로움을 진정시키는 듯했다.

물에 번진 듯한 검은 얼룩들이 허다하고, 자그마하게 피어난 둥그런 곰팡이들도 별자리처럼 천장을 가득 채우고 있었지만, 다락방은 공포의 장소이자, 숨바꼭질을 하기 위한 최적의 장소였으며, 모험심 강한 나에게 마당보다 더 큰 상상력을 펼칠 수 있는 원더랜드였고, 존재하는 모든 것들은 나에게 너무도 딱 알맞게 신이 났다.

 내일모레 쉰을 바라보는 지금의 '나' 이지만, 한참은 어렸던 그 시절 다락방이 선사하는 묘한 기분만큼은 어렴풋하게나마, 아니. 그나마 생생하게 기억이 난다. 마당 그리고 안방과는 또 다른 온도와 냄새, 공기가 내 기분을 붕 뜨게 만들었기 때문일까? 더운 여름날, 종일 마당을 쏘다니다 다락에 들어섰을 때 느껴지는 서늘한 공기와 은근하게 울리는 바람 소리, 그 안에서 느껴지는 묘한 긴장감과 안도감 같은 것들을 상상하면 지금도 기분이 설레 온다.

 무튼, 매해 명절만 되면 또래 친척들과 몰려다니며 숨바꼭질을 했다. 다만, 숨바꼭질을 할 때면 한 번도 빼먹지 않고 너나 할 것 없이 다락방에만 몸을 숨겼었기에, 숨기에 최적의 장소인지, 찾아지기에 최적의 장소인지 헷갈렸던 기억이 난다.

 서론이 길었지만, 마법의 성을 지나 늪을 건너, 어둠에 동굴 속 멀리 그대가 있는 것처럼. 모든 난관을 지나야만 등장하는, 내가 가장 좋아했던 장소가 아직 남아 있다.

 좁은 문을 지나 계단을 오르고, 다락방을 통과하고서도 5개 남짓? 조악하게 만들어져 있는 나무 계단을 마저 오른다. 얼마 안 되는 계단을 올라갈수록 나의 심장은 더욱더 뜨겁게 요동쳤다. 그리고 나타나는 나무문을 조막만 한 손 내밀어 잡아당긴다. 문 너머에서 유쾌한 바람이 밀려든다. 여름의 습기를 머금은 바람과 미세한 물방울들이 내 머리카락 위로 내려앉는다. 뇌가 시리도록 상쾌하다. 그곳에 나의 꿈을 한층 더 높고, 크고, 환상적이게 만들었던 옥상이 있었다.

옥상의 끝에서 바라보는 시선의 시작은 금빛 논이었고, 밭이었으며, 또다시 산이었고, 더 멀리서부터 밀려드는 안개였다. 눈엣가시 같은 거슬림 없이 탁 트여 있는 나의 시야, 산 능선 너머로 희뿌옇게 쏟아지는 햇살 덕에 눈살이 찌푸려지기는 했지만, 몹시도 시원했고, 부드러웠으며, 아름다웠던, 잊힐 수 없는 고향의 풍경이었다. 랄까.

낮은 난간 사이에 다리를 끼우고 걸터앉아 오래도록, 따뜻하게 논 뷰를 바라본다. 써걱거리며 불어오는 바람을 따라 벼들이 헝클어진다. 조용히 물 흐르듯 흘러가다, 갖가지 모양들로 구불거린다. 솔솔 불어오는 저녁 바람도 초록빛 벼 사이로 미끄러지듯 흘러내린다. 멀리서부터 낮게 드리운 그림자가 몰고 온 아름다운 석양이 내려앉는다. 주위의 숲속에서는 새들이 흥겹게 지저귀고, 왱왱거리며 귓가로 달려드는 모기떼도 저녁놀에 물들어 빨갛게 춤을 춘다. 힘차게, 더욱 힘차게 춤을 춘다. 그에 발맞춰 제비 떼가 내 귓가로 낮게 날아든다. 제비가 낮게 날면 그다음 날은 비가 온다나 뭐라나.

그런 장소에서 놀 수 있었다는 사실 하나만으로도, 그때 당시 또래 아이들에게는 가장 값진 추억이지 않았을까? 나중에 할아버지 방에 있던 낡은 TV가 옥탑방으로 올라온 뒤에 더 자주 옥탑을 올랐다는 건 별로 중요한 이야기는 아닌 것 같다.

아무튼, 어린 시절 알아들을 수 없는 TV 속 아줌마 아저씨들의 이야기보다, 갖가지 상상의 나래를 펼칠 수 있었던 옥상이 더욱 재미날 수밖에 없었던 당연한 일이었다 생각한다. 다만, 내일모레 쉰을 바라보는 지금의 내 또래들도 다락방을 무척이나 신나는 비밀스러운 공간으로 느끼는 것 같다. 복층이 주는 이색적인 기분 때문이랄까? 복층으로 된 펜션들만 주말마다 예약이 꽉 차는 걸 보면 '우리가 아직 어리구나.' 라고도 생각할 수 있지 않을까 조심스레 추측해 본다.

요약하자면, 거실에서부터 출발해 TV를 보고 있는 할아버지 곁에서 몰래 벗어나, 작은 쪽문을 열고 발걸음을 움직일 때마다 삐걱거리는 나무 발판을 조심스럽게 넘어간다. 잡동사니 가득 쌓여 있는 다락방 언저리에서 순식간에 나를 덮쳐올지 모르는 어둠 속 무언가의 눈을 피해서, 조심스레 저 높은 곳을 향해 나아가는 짜릿한 기분을 느끼고, 어둠을 뚫고 밖으로 나오면 빛살 사이로 뻥 뚫린 무언가를 마주칠 수 있는, 거기다 내 몸을 편하게 뉠 수 있는 포근한 안식처까지. 그야말로 옥탑방으로 향해 올라가는 것만으로, 풀 패키지 서비스였지 않을까 생각한다.

아 참. 화장실 이야기를 하지 않았지만, 그건 그냥 넘어가기로 하고. 우리 집의 마지막 장소 옆 뜰에 대해 이야기 하고 싶다.

그곳에는 감나무와 무화과나무가 심겨져 있었고, 입이 심심하거나 무료할 때마다 언제든 그곳으로 달려가 나무에 달린 것들을 알음알음 따먹었던 기억이 난다. 촉촉한 낙엽들이 깔려있던 비옥한 땅에서 무화과는 달콤하게 자랐고, 적당히 먹으라고 나를 나무라는 할머니의 목소리만큼 즙이 풍부했으며, 맛 또한 일품이었다.

　그리고 언제부턴가 할아버지는 매일 아침 나를 뜰로 불러내어 머리가 쨍할 정도로 달콤한 무언가를 먹이기 시작했다. 처음에는 뭣도 모르고 주는 대로 넙죽넙죽 받아먹었다. 아마 윙윙거리는 소리를 내며 하늘을 날아다니는 벌레들이 생기고 나서부터였을 것이다. 그 후로 입이 심심하거나 무료할 때마다 언제든 그곳으로 달려가기가 힘이 들었고, 나무에 달려 있는 것들에도 쉽사리 다가서지 못했던 것 같다.

　다른 글들에 비하면 짧았지만, 여전히 서론이 무척이나 긴 이야기다. 이제는 진짜 진짜 본론으로 들어가자. 그 시절, 내 기억 속에 수덕은 명절을 맞은 큰집처럼 언제나 북적거렸다. 6살 무렵 즈음이었나? 시골집을 떠나 순천에 있는 풍덕동으로 이사를 갔고, 그곳에서 선교원을 다니다, 또 한 번의 이사를 간 후 초등학교에 들어갔다. 국민학교 아니다. 초등학교다. 그 후, 일련의 사건이 지난 뒤, 수덕집을 향한 발걸음은 끊어졌다.

　"마지막 한 입이다. 이것만 먹자 내 강아지"

　반찬이라고는 김치 쪼가리와 콩나물 그리고 맑게 내린 된장국이 전부. 지금으로 치면 진수성찬이나 다름없는 반찬들이지만, 그 무렵의 나는 그 반찬들이 무척이나 맛이 없었나 보다. 쭈글쭈글한 할머니의 손에 들린 상처투성이 스테인리스 수저, 그리고 뽀얀 쌀밥 위로 똬리를 틀고 앉은 콩나물들. 마지막 숟가락을 예닐곱 번쯤 반복하다 보니, 어마무시하게 담겨 있던 밥들은 순식간에 비워지고, 사기로 만든 밥그릇은 허연 바닥을 드러냈다. 그리고 나는 그 마지막 한입이 그렇게 먹기 싫었나 보다.

"어허. 빨리 이것만 먹자 똥강아지"

두 눈을 꼭 감고 입을 벌리자 할머니는 손에 들고 있던 숟가락을 나의 입 깊숙이 밀어 넣었다. 잘했다고 칭찬하시며 물 한 모금 하라는 할머니의 말을 무시한 채, 애써 입 안 가득 담겨져 있는 것들을 씹지도 않고, 서둘러 자리를 털고 일어나 거실을 지나고 마당을 건너 대문을 박차고 나왔다. 그리고 집 앞에 흐르는 자그마한 물길에 쪼그려 앉아 손가락으로 흙을 파내고, 입 안에 있는 것들을 그 자리에 모조리 토해내 버렸다. 그냥 먹기가 싫었겠지. 정말로 배도 부르고.

왠지 모를 뿌듯함을 느끼며 모래를 몇 번 뒤적거리다, 뒤돌아 집으로 들어가려는 찰나. 대문을 밀고 나오는 할머니와 눈이 마주쳤다. 야트막한 물이 졸졸 흐르고 있는 물길 아래, 흙바닥 위로 노란빛의 콩나물 대가리가 회오리치며 맴돈다. 수줍은 듯 대가리의 반만 흙 바깥으로 내놓은 채. 할머니의 키가 내 눈높이만큼 낮아진다. 그리고 손가락을 내밀어 흙을 뒤적거리기 시작했다. 내 눈도 왕방울만 하게 동그래진다.

그 후, 정확히 무슨 일이 있었는지 기억이 나지 않는다. 다만 나는 할머니의 무릎 위에 앉아 할머니를 꼬옥 껴안고 울고 있었다. 울음이 잠잠해지지 않자, 할머니는 어디선가 까맣게 문드러진 바나나 하나를 꺼내 오셨다. 검게 변해버린 껍질을 까자, 희고 노오란 빛의 알맹이가 보인다. 한입 크기만 하게 손가락으로 잘라, 내 입에 넣어주시는 할머니. 내 눈에서 눈물이 멈추진 않았지만, 그때 먹었던 바나나는 무척이나 달콤했다.

이제는 나를 보며 이야기를 건네던 할머니의 모습이 잘 기억나지 않는다. 내일모레 쉰을 바라보는 나이 덕분일까? 할머니는 언제나 모든 행동과 행동 사이를, 말과 말 사이를 웃음으로 연결 지었다. 마치 수채화 붓으로 비어있는 여백들에 알 듯 말 듯한 색깔들을 채워 넣듯이. 그 시절 할머니의 모습은 내 기억 곳곳에 진득한 흔적을 새겨 놓았다. 때로는 바나나처럼, 때로는 내가 가장 좋아하는 수박처럼. 오늘따라 할머니가 만들어 주시는 된장국과 콩나물무침이 먹고 싶다.

시멘트로 덕지덕지 발라진 비탈길, 회색빛 틈바구니 사이를 비집고 나오는 풀 한 포기가 있다. 나는 아무 생각 없이 눈앞에서 흔들리는 풀줄기를 손에 걸고 뜯어내어 바람에 날려 보냈다. 위태로운 비탈길 위로 햇빛에 찌들어 누렇게 변해버린 흰색 포니 자동차 한 대 세워져 있다. 앞 유리에는 얕은 실금이 거미줄처럼 걸려 있고, 불투명한 유리창 너머 대시보드에는 뽀얀 먼지도 내려앉아 있다. 그리고 그 위에 올려져 있는 낡은 가족사진 하나. 차를 한 바퀴 빙 둘러보니, 군데군데 긁히고 벗겨진 차량의 표면에 진흙들도 진득하니 엉겨 붙어 있다. 앞에 보이는 유리의 갈라진 틈새를 메꿔보려 손가락을 내밀어 조심스레 문질러도 본다. 그러다 이내 포기하고 보조석 손잡이를 당긴다. '끽끽'거리는 소리와 함께 풍겨오는 눅눅한 시트 냄새가 나를 반긴다.

'크르릉' 하며 걸걸한 엔진 소리를 지르는 자동차가 골목을 지나고, 도로를 향해 빠르게 나아간다. 기분 좋은 매연 냄새가 차 안으로 스며든다. 내 몸 속에 회충이 많았는지, 그 시절 나는 매연 냄새를 좋아했다. 우리를 태운 자동차는 고르지 못한 시골길 위를 덜컹이며 신명나게 달린다. 듬성듬성 파여 있는 구멍들 덕분에 차가 흔들리고 이가 덜덜 부딪혀도 뭐가 그리 신나고 즐거운지, 우리는 산들바람 같은 미소를 길 위에 내던지며 까르르 웃음 지었다.

그날도 이름 모를 가수의 노래를 따라 부르며 콧노래를 흥얼거리는 아빠의 목소리가 푸근하다. 열린 창틈으로 산들바람이 밀려든다. 팔을 길게 늘어뜨리고 바람을 느끼는 장발 머리 신사. 그 팔 위로 뜨거운 햇살이 떨어진다. 옆자리에 앉은 나도 바람을 느낀다. 에어컨 못지않은 시원한 시골 바람이 창문을 통해 내 얼굴에 부딪힌다.

그날에 어렸던 아이는 어느새 그때에 젊었던 아버지보다 훨씬 늙어 버렸다. 아마 그때에 아버지가 흥얼거렸던 노래는 서유석님의 '가는 세월'이라는 노래였던 것 같다. '가는 세월 그 누구가 잡을 수가 있나요, 흘러가는 시냇물을 막을 수가 있나요. 아가들이 자라나서 어른이 되듯이, 슬픔과 행복 속에 우리도 변했구려.' 나 또한 이 노래를 잊지 않고 여전히 흥얼거리고 또 흥얼거린다.

오늘도 명확하지 않은 추억에 이끌리어 길을 나섰다. 늘 그랬듯, 언제나 그러했다.

철이 들고서 한참은 지났을 무렵, 고향집이 팔렸다는 소식과 그 집을 허물고 새롭게 집을 지었다는 이야기를 전해 들었다. 그날에 내뱉었던 허무맹랑한 소리가 떠오른다. 나중에 돈을 벌면 꼭 그 집을 다시 사고 말겠다는. 물론 내일모레 쉰을 바라보는 나이지만 그 정도의 돈은 아직도 벌지 못했다.

무튼, 별일 없는 매장을 버려두고 고향집으로 가는 발걸음은 무거웠으나 편안했고, 마음 한켠에 남아 있던 알 수 없는 답답함들 까지 모조리 털어낼 수 있을 것 같은 기분이 들었다.

늦봄의 푸릇거림이 여전히 머물러 있는 시골길을 걷는다. 내가 자랐던 마을은 매일이 보름이었고, 밤이나 낮이나 서글픈 그림자는 머무를 곳이 없었다. 사람들은 부서진 의자에 둘러앉아 미소로 해와 달을 지켰다. 골목 어귀 또는 돌밭에 걸터앉아 너나 할 것 없이 노오란 달빛을 닮은 멋쩍은 인사를 주고받았다. 날이 좋다느니, 밤에는 공기가 차다느니, 부딪치는 모든 것들에 대해 이야기하고, 서로에게 나누었다.

그랬던 마을에 이제는 누구도 보이지 않는다. 마을의 초입에서 언제나 달을 담고 있던 우물도 보이지 않는다. 그 옆 비탈길도 보이지 않는다. 겨울이면 토끼를 잡겠다고 눈 덮인 언덕을 뛰어오르던 아이의 그림자도 보이지 않는다. 우물가에 울창한 그늘을 만들어 주던 나무들도 보이지 않는다. 원래 우물이었던 자리, 나무들이 머물렀던 자리가 이제는 삭막한 시멘트에 뒤덮여 있었고, 우물의 흔적만 남아 여기가 그때 그곳이었다, 넌지시 속삭이고 있다.

　계속해서 새로운 길을 따라 걷는다. 얕은 언덕길 양쪽에는 당연하다는 듯 새로운 건물들이 들어서 있다. 간혹 낯익은 집들도 드문드문하게 자리해 있기는 했다. 썰매를 타고 논두렁으로 굴러떨어지던 언덕은 시멘트에 덮여 둔턱으로 변해버렸고, 튼튼한 가드레일에 가로막혀 더 이상 썰매를 타고 미끄러질 수도, 언덕에 걸터앉아 논과 산을 바라보며 상상에 빠질 수도 없게 변해져 있다.

　모든 사람은 추억에 이끌린다. 좋은 추억이든 좋지 않은 추억이든. 다만, 내 기억 속 고향이라는 장소가 이곳에는 더 이상 남아 있지 않은 것 같다. 수덕집으로 다가갈수록, 수덕집이 가까워질수록 봄기운에 맞지 않는 서늘함이 마을을 가득 채우고 허공에 맴돌고 있다.

　기억을 더듬어가며 고향집이 있던 그곳에서 발걸음을 멈추었다. 그 옛날 집을 감싸고 있던 사철나무는 사라지고, 집은 코랄 섞인 레드인지 레드 섞인 코랄인지 모를 붉은빛 벽돌에 둘러싸여 있다. 시큼한 냄새를 풍기며 집을 빙 두르고 있던 자그마한 개울도 아스팔트에 덮여져 있다. 그와 더불어 내 어릴 적 추억들도 시멘트 아래로 깊숙이 파묻혀 버린 것 같은 느낌이 든다. 그렇다고 어쩔 수 없는 것에 미련이 생기지는 않았다. 이미 그 옛날에 우리의 것이 아니게 되었으니 누구의 탓을 할까.

　이제는 회상이나 향수 따위로도 오롯이 추억되지 못하는 나의 감정이, 나의 기억을 울렁이게 하는 봄의 기운이, 의미 없는 안타까움이 나를 어지럽힌다.

그 시절 고향의 봄은 모두에게 공평했다. 대기와 나는 계절의 온기를 골고루 나누어 가졌다. 고향의 정취는 풀이 죽어가는 내 마음에 이따금 불쑥 떠올라, 삐딱하게만 흔들리던 내 기분을 바로 세우고 기운을 차리게 도와주었지만, 아름다웠던 것들은 언제나 망가진다는 말처럼. 그때의 장소는 변했고, 그날의 추억은 덮여졌으며, 그 시절의 사랑마저도 홀연히 사라져 버린 듯했다. 지금의 변해진 현실에, 어쩔 수 없는 내 감정들은 온전히 기록되지 못하고, 마을 입구에 있는 우물 언저리에 서서 아이처럼 머뭇거린다.

멀리서부터 희미한 물안개 같은 서글픔이 아득하게 치밀어 오른다. 잔뜩 흐릿한 이 마음을 굳이 달래고 싶은 생각은 없다. 내가 밟고 있던 정다운 골목길이 김 서리듯 밀려오는 노을빛에 자욱이 뒤덮인다. 저무는 태양은 자신의 빛이 스미지 못한 그늘진 돌담 옆에서 한참을 머뭇거린다. 풀벌레 소리 머금은 오늘의 석양은 아리는 내 가슴속 깊숙이까지 비쳐 들어올 수 있을까?

저무는 해의 주홍빛 흔적에 취해, 나는 표류하는 배를 탄다. 사람들과 동떨어진 세상, 소란함이 사라진 시골길에 편안한 고요가 깃든다. 털려 나가지 않은 알 수 없는 답답함들이 발밑을 파고든다. 추억 속 편안했던 발걸음 남겨둔 채 무겁게 뒤돌아선다. 그러다 발밑에 밟혀든 돌멩이가 나에게 속삭이며 '언제까지 떠다닐 거냐?' 묻는다.

저 멀리서 지키는 이 사라진 달이 떠오른다. 오늘도 자취를 감춰가는 햇살의 부스러기들만이 거무튀튀한 내 발밑을 맴돈다.

몇 걸음 더 앞서가다 움직임을 멈춘다. 이제야 귓가에 던져진 물음에 전하려다. '바다 한가운데가 눈부신 백색으로 물들 때까지.' 라 전하련다.

죽도봉 공원

지금 이 이야기는 내일모레 쉰을 바라보는, 약간 나이를 먹어 쿰쿰한 냄새가 날 것 같은 아저씨가 되어 버린 한 청년의 이야기이다. 벌써 내일모레면 쉰이라니. 뭐 그리 좋은 것이라고, 참 서둘러 늙어왔구나 싶기도 하다. 이제 나에게 남아 있는 것이라곤, 늙은 나이와 낡은 장기뿐인가도 싶다.

무튼, 내 글에는 뱃사공이 많은지 문장들은 항상 나를 두고 산으로 갔다. 글이 산으로 갈 땐, 역시 산으로 가는 게 답이다. 그래서 나는 오늘, 산으로 떠났다.

나와 비슷한 연배의 친구 또는 동생, 누나, 형들이라면 죽도봉공원과 봉화산을, 봉화산은 아니더라도 죽도봉공원만큼은 최소한 20번 언저리 즈음 정도는 분명히 믿어 의심치 않게 방문했을 것이라 생각할 수밖에 없게 만들었던 과거가 있다.

어릴 적 초등학교를 다녔던 시절에 사생대회, 백일장 등등 많은 행사에 참석하기 위해 죽도봉공원을 방문했었고, 초등학교를 지나고 중학교를 건너

고등학생이 될 때까지 별스럽지도 않은 소풍, 현장학습 같은 학교 행사들 덕분에 죽도봉공원을 허다하게 방문했었다.

 순천 사람들에게 있어 죽도봉공원은 그만큼 친숙하고, 정감 있고, 별로 가고 싶어 하지 않는 장소 부동의 1순위였어야 했지만, 엄마, 아빠밖에 모르던 어린 시절을 지나고, 치기 어린 청소년기를 건너, 시큼한 냄새 날 것 같은 청년 시기에도, 내일모레 쉰을 바라보는 지금에까지도, 나는 이따금 죽도봉공원을 왔다 갔다 하며 서성이고 있다.

 글을 쓰고 있는 지금에 와서 왜 그럴까? 하고 생각해 본다. 세월의 흐름에 따라 적당히 변하기는 했으나, 다른 장소들에 비해 옛날의 원형을 오롯이 간직하고 있고, 어린 시절 추억 속 모습이 남아 있는 순천의 유일한 장소이기 때문이지 않을까? 짐작해 본다. 그리고 이곳만의 특별한 매력도 간직하고 있기 때문인 것 같다. 라고 손쉽게 결론짓는다. 순천 사람들의 머릿속에 가장 오래 머물렀고, 변하지 않는, 나와 함께 나이를 먹고 늙어가지만, 언제나 한결같이 머물러 있을 것만 같은 그런 장소. 그곳이 바로 내가 서성이던 죽도봉공원이다.

　숲길을 걷는다. 주변에 널려 있는 공원 따위와는 비교조차 할 수 없을 정도로 거대하고 울창한 숲길이다. 나보다 몇 배쯤 늙었을까? 생각하며 지나쳐 가는 나무들의 등허리에서 팔딱거리고 있는 팻말들을 유심히 쳐다본다. 화살을 만들 때 사용했다는 전죽, 붉은 망울을 머금은 동백, 구불거리면서도 올곧음을 품고 있는 소나무, 그리고 철쭉, 벚꽃, 플라타너스 등등. 적혀 있는 나무의 이름들을 조용히 읊조려본다.

나는 이전에 청춘이라 말미암아 변명하는 몇몇 젊은 영혼들의 어리석음을 본 적이 있다. 내가 세계를 배회하며 마주쳤던 그들은, 세상을 살아가며 끝없이 붕괴되고 넘어졌다. 충동적인 마음속, 헛된 듯 보이는 꿈 따위를 한 아름 안고 달린 모든 순간조차 그들은 도전이라 불렀고, 주체할 수 없는 호르몬의 끌림 따위에 가진 것 모두를 허망하게 내바치는 것까지 사랑이라 칭하며 살아가는, 시리도록 아픈 청춘들의 세상을 보았다. 허나, 때론 그들의 무모함이, 내가 겪어보지 못한 그들의 자신감이, 그들의 부질없다 느껴지는 몸짓들이 사무치게 부럽기도 했다. 세상의 풍파에 기우뚱기우뚱 하다가도, 모퉁이에 머무르지 않고 꼿꼿이 나아가 푸르게 개화하는 그들의 삶에, 내가 겪어 보지 못했던 경험들에 탐이 났다. 랄까.

멈추지 않고 늙은 나무숲 사이를 걷는다. 사람은 나이를 먹어갈수록 좋고 싫음이 분명해지는 법이라더라. 내일모레 쉰을 바라보는 나는 무엇을 좋아할까? 야속할 정도로 푸르기만 한, 구름 한 점 비추지 않는 공허한 하늘을 향해 질문을 던진다. 내 주위에 흐드러져 있는 녹색 식물들에게도 질문을 던진다. 나는 무엇을 싫어할까? 등줄기를 타고 흘러내리는 땀방울들을 손으로 훔쳐낸다. 나뭇잎들의 의미 없는 스삭거림이 아련하게 울려 퍼진다. 빽빽한 나뭇가지 사이에서 뛰놀던 다람쥐가 솔방울을 떨어뜨린다. 바스락하는 소리가 산책로를 뒤덮으며 메아리치듯 울려 퍼진다.

이따금 친구들은 나에게 전화를 걸어 묻는다. '뭐하냐?' 나는 아무런 대꾸도 하지 않는다. 내가 아무것도 하고 있지 않다는 걸 누구보다 잘 알면서, 일부러 나에게 던지는 질책 같은 물음일까? 고민한다. 고달픈 나에게 건네는 한마디 위로일까? 싶기도 하지만, 그런 위로조차 나에게는 기만이었다.

땀에 찌들어 치덕거리는 얼굴 주위로 하루살이 떼가 윙윙거리며 날아든다. 손을 들어 허공을 휘저어본다. 손가락 사이에는 아무것도 걸리지 않는다. 철학자 파르메니데스는 말했다. '세상에 있는 것은 있고, 없는 것은 없다.' 허공은 없다. 하지만, 허공은 있다. 나는 여자 친구가 없다. 하지만, 여자 친구는 있다. 하아. 헛소리는 여기까지만 하자.

아무튼, 나는 조금만 일했는데 돈은 많이 벌고 싶고, 아무것도 안 했는데 얼떨결에 성공하고 싶은 사람. 언제나 가마니처럼 가만히 있으며 내일의 대책도 없이 지금의 하루가 가기만을 바랐다. 아침이 오면 어제의 내가 사라져 있지 않을까, 혹시 어제와 다른 내가 되어 있지 않을까, 오늘이 오기 전 꿈에서 보았던 소원이 이제는 이루어져 있지 않을까 하는 기대 속에 살았다. 세상에 있는 것은 있고 없는 것은 없으니, 지금 내가 걸고 있는 기대는 있는 것이지 않을까?

삶이란 것이 다 그런 것처럼, 이처럼 나는 헤매는 일에 언제나 익숙했다.

늙은 나무들 자라나 있는 숲길 사이를 오늘도 헤맨다. 구불구불한 길 위로 나의 차분한 발소리가 규칙적으로 퍼져간다. 얼굴 위로 따사로운 햇살이 담요처럼 덮힌다. 울퉁불퉁 하지만 애매하게 잘 정돈된 보도블록을 따라 걷는다. 내 몸무게 덕분일까? 어느 순간부터 발걸음을 옮길 때마다 밟히는 블록들이 약간씩 흔들거리며 기우뚱거리는 것 같기도 하다. 흰색과 붉은색이 얼기설기 엮인 얇실한 틈 사이로 초록색 이끼들도 돋아나 있다. 혹여나 미끄러질까 겁이 난 나는, 바닥에 시선을 고정시킨 채 조심스레 한발 한발, 더욱 더 느릿하게 발걸음을 내 딛는다.

블록 위로 무수히 많은 것들이 머물러 있다. 나뭇잎들은 바람에 나풀거리며 햇빛과 어우러져 바닥에 짙은 그림자들을 새기어 나의 길을 인도 한다. 자질구레한 장식들처럼 점점이 바닥 위를 굴러다니는 솔방울들, 산책로 너머로 어지럽게 엉기고 성기며 뻗어 있는 나무뿌리들, 괜스레 입술이 바싹 말라간다. 왠지 모르게 사슴이 튀어나올 것만 같다. 정상을 향해 높이 올라갈수록 바람은 강해지고, 내 기분을 조금 더 시원스럽게 만든다. 이제는 쉬어야 할 시간이 다가온다. 발걸음을 멈추고 바위에 앉는다. 이유 없이 두리번거리며 허공 너머로 나의 시선을 휘휘 저어본다. 순간, 어깨 너머 비좁은 바위 틈 사이로 실 풀꽃 한줄기 눈에 들어온다.

구태여 억척스럽게 틈바구니에서 비집고 일어나 가련하게 자라고 있는, 실처럼 가늘고 눈보다 흰 몽우리를 가진 꽃이 하늘을 바라보며 태양을 향해 총총 피어있다. 입김 한 줌에도 가련하게 떨어지고 말 것 같은 희미한 꽃잎들이 피어있다. 결결이 갈라진 나무껍질을 둘러쓰고, 덤불을 파헤치는 다람쥐, 엉겨 붙는 거미줄마저도 피하고, 희미하고도 은은한 자신만의 존재감을 뽐내며 피어있다.

산을 오르는 시간. 오늘도 쿰쿰한 쉰내 나는 나의 청춘에도 시간이 쌓인다. 이렇게 시간이 쌓아지면, 언젠가는 내 마음에 뻥 뚫려 있는 구멍마저도 한 뼘 남짓 아물게 만들 수 있지 않을까 생각한다. 모든 것들은 지나고 나면 나름 괜찮은 불행이었기에. 그 순간의 시간은 더디게 흘렀지만, 지나간 시간은 순간이고, 쌓여진 시간은 언제나 내 곁에 있기에. 모든 어른들의 청춘이란 시간도 그렇게 쌓여 갔기에. 오늘도 푸릇한 잎사귀 위로 어제의 계절이 더욱 쌓인다면, 지금보다 훨씬 선명한 색깔들로 내 눈을 더욱 즐겁게 해 줄 것을 알기에.

나는 그랬다. 뚜렷한 것보다 희미한 것을 먼저 보고, 뚜렷한 향기보다 희미한 향기를 선호하는, 세상에 존재하는 모든 미약한 것들을 사랑하는, 내일모레 쉰을 바라보고, 약간 나이를 먹어 쿰쿰한 냄새가 날 것 같은. 나는, 그런 청년이었다.

시간의 중첩은 언덕을 거슬러 올라가는 사람에게서 중력에 대항할 힘을 서서히 빼앗아 간다. 발걸음을 옮기는 게 무척이나 힘겨워 보이는 그 청년은 이미 한계점에 다다른 듯 보였다. 그럼에도 불구하고, 마치 '해야 할 일이니, 어쨌든 해야 한다.'는 듯 그는 느리지만 꾸준하게 걸음을 옮기며 언덕을 오른다. 그럼에도 불구하고, 그는 아직도 목적지에 도착을 못 했다. 그리 긴 거리가 아니지만 왜 아직도 도착을 못 했을까? 비루한 몸뚱이 탓인가? 생각하며 계속해서 그는 언덕길을 오른다.

넘겨지는 산책로 옆으로 순천의 옛 모습들을 전시해 놓은 사진들이 놓여 있다. 순천의 특산품이나 꼭 먹어야 하는 음식들에 관한 다양한 정보들도 적혀져 있다. 그냥 스쳐 간다. 그러면서 궁금해한다. 순천에서 나고 자란 나조차 듣도 보도 못한 특산품들이 즐비하게 나열되어 있다. 이유가 뭘까? 내가 순천 사람이 맞나? 싶은 궁금증도 떠오른다. 허나 뭣이 중한가. '엄마한테 물어봐야지.'라고 결론지으며 발걸음을 서둘러 옮긴다. 6월의 그 날, 알맞게 내리쬐는 햇살과 잎사귀 사이로 은은하게 새어 나오는 산들바람이 그의 등허리를 살며시 휘감으며 발걸음을 재촉시켰다.

 드디어 도착이다. 원래 정식 이름은 강남정이지만, 누구도 그리 부르지 않는 팔각정이 오늘의 목적지다. 강남정은 죽도봉공원의 제일 높은 곳에 있다. 1981년 10월 15일에 3층으로 된 팔각정이 건립되었고, 예로부터 순천의 산수가 수려하고 인심과 물산이 부유하여, 동국여지승람 등 옛 문헌에서 순천을 일명 강남이라고 일컬었던 고사에서 유래하여 이 정자의 이름을 강남정이라고 지었다고 한다. 이 강남정은 순천 시가지 전경을 한눈에 내려다 볼 수 있어 많은 시민들이 즐겨 찾는 휴식처이자 최고의 전망대로서의 역할을 지금까지 담당하고 있다. 또한 야경명소로 자리매김하고 있어, 밤마다 젊은 청춘남녀 커플들의 데이트 코스로도 많은 사랑을 받고 있다.

　나도 예전에 백만 서른 마흔다섯 번쯤 친구들과 방문을 했던 기억이 난다. 하. 아름다웠던 내 청춘, 젊은 날의 시간들이여. 이제는 안녕. 잠시 눈물 좀 닦고.

　한때 볼썽사나운 두루미 모양 전구로 볼품없게 장식을 해놨던 적이 있지만, 이제는 제발 바라고 바라건대 그런 장식을 하지 않기를. 추억에 대한 회상은 이쯤 하고, 나는 여유롭게 바쁜 사람이니 서둘러 다음 장소로 이동해보자.

　강남정에서 내려와 바로 앞에 자리한 터널로 가보자. 몇 개의 나무 계단을 걸어 내려간다. 터널 안으로 성큼 다가설수록 머리 위에서 떨어지는 빛줄기는 점차 희미해진다. 발아래에 박혀 있던 시선을 들어 터널을 바라본다. 짙게 그늘진 터널 안 저 깊숙한 너머 끝자락에 밝은 햇살이 비춘다. 저기가 분명 오늘의 마지막 장소라 믿어 의심치 않는다. 나는 굳은 결심을 하고 더욱 더 깊숙한 터널 속으로 파고든다.

누구나 알지만, 아무도 모르는 비밀 통로 같이 숨겨진 입구를 지나, 거칠은 길을 걷는다. 죽도봉공원의 중심을 가로지르는 이 터널, 적당히 가파른 경사면을 따라 평평하게 박아놓은 돌바닥이 무척이나 매력적이다. 커다란 돌덩어리를 반듯하게 깎아 산책로랍시고 쑤셔 박아 놓았다. 거친 산책로 주위에는 마찬가지로 돌로 만들어진 배수로가 있고, 바닥에 박힌 돌 틈바구니에는 나뭇잎들과 이끼, 나뭇가지 등등 산에서 발견할 수 있는 모든 잡다한 것들이 모조리 쑤셔 박혀 있다. 그만큼 투박스럽게도 틈이 넓다는 말이다. 그리고 미끄럽다.

개인적인 생각으로 죽도봉공원은 비가 오는 날에 방문하여도 색다른 분위기를 즐길 수 있는 딱 좋은 장소이지만, 비가 오는 날에 방문하면 가장 위험한 장소가 죽도봉공원이지 않을까도 생각한다. 특히나, 이 터널. 혹여나 이 글을 읽고 비 오는 날 데이트를 하겠노라며 이 터널을 걸을 생각은 하지 않는 게 좋을 것이다. 자신의 꿈이 객사거나 비명횡사라면 말리진 않겠으나, 비 오는 날에 이 터널을 걷지는 말아라. 눈 오는 날도 마찬가지다. 설령, 혹시나 하는 생각에 가려는 마음이 든다면, 그러지 말아라.

터널의 끝자락에서 처음으로 마주하는 곳. 누구에게는 시작이라 할 수 있고, 누구에게는 끝이라 할 수 있는 그런 장소가 나타난다. 이 전에 죽도봉공원의 하늘을 빼곡히 수놓으며 날아다니던 비둘기 떼는 사라진 지 오래, 그럼에도 불구하고 많은 순천 시민들의 추억에 빠질 수 없는 장소가 바로 이 광장이다.

이 전에는 분명히 그랬었고, 요즘에도 그러나? 싶긴 하지만, 우리 부모님 세대가 결혼식을 끝마친 뒤 너 나 할 것 없이 방문했었던 순천과 죽도봉공원의 중심, 팔마비가 있는 광장이다.

청렴을 상징하는 팔마비 앞에서 반질반질한 검은색 정장을 입고 흰색 와이셔츠, 그 속에 짙은 빠알간색 넥타이를 매고 있는 젊은 시절 나의 아버지와 색동저고리 저리 가라 할 정도로 화려하고, 고운 윤기가 자르르르 한 한복을 입고 있는 젊은 시절 나의 어머니. 꽃과 같이 밝은 미소로 아버지의 등에 업혀, 사람들의 축복을 받으며 이곳에서 사진을 찍었겠지.

　그때에는 신혼여행을 제주도로 떠나는 것도 엄두를 낼 수 없고, 하나같이 경주나 변산반도로 신혼여행을 떠났다고 한다. 뭐 사람마다 다르긴 했겠지만. 무튼, 우리 부모님도 결혼식을 끝마치고 이곳에서 친구들과 함께 기념사진 촬영을 한 후 신혼여행을 떠났다고 한다.

　앞서 궁금증이 생겼던 순천의 특산물은 그리 중요하지 않으니 넘어가고,

그때 당시에 부모님 세대들은 왜 그곳에서 사진을 찍었는가에 대한 궁금증이 밀려왔다. 곧바로 어머니에게 전화해 물었다. 왜 거기서 사진 찍었느냐고.

결론부터 말하자면, 별다른 이유는 없었다고 한다. 부모님의 주변 사람들도 다 거기서 사진을 찍었고, 결혼식이 끝나고 친구들과 함께 사진을 찍고 싶지만, 마땅히 갈만한 장소도 없어 죽도봉에 가서 사진을 찍지 않았을까? 라고 어머님은 말씀하신다. 여기서 생기는 또 하나의 궁금증. 근데 지금 내가 그 나이 때 아버지보다 나이가 훨씬 많은데, 나는 왜 아직도 결혼을 못했을까? 하아... 가슴 슬프고도 가슴시리는 이야기는 이쯤에서 마무리하기로 하자.

지금까지 서론이 길었지만, 이제 정말 내가 말 하고 싶은 것에 대해 이야기하겠다. 이곳 죽도봉공원에는 특이하게도 산 중턱에 누각이 존재한다. 보통에 루나 누각이라고 불리는 것들은 강가에 있지만, 이곳 죽도봉의 중심에는 연자루라고 불리는 2층 누각이 존재한다.

연자루의 최초 건립 시기는 정확히 알려진 바가 없다. 원래 자리는 옥천을 가로지르는 남문 다리 옆이었다고 기록되어 있는데, 물 위에 걸터앉은 2층 다락집 형식으로 그 밑으로는 홍교처럼 아름다운 다리(연자교)가 있었다.

고려청자와 팔만대장경 등 많은 문화재가 만들어졌으며, 활발한 무역 활동으로 고려라는 이름이 세계에 알려지기 시작했던 시기가 언제였더라... 바야흐로, 때는 후 고구려 시대. 왕건이 궁예를 몰아내고, 신라와 후백제를 정복해

한반도가 고려라고 불리던 시절이었으니, 지금 하는 이야기는 그때에 손억이라 하는 이가 새롭게 승평(지금의 순천)부사로 부임했을 때의 이야기이다.

새로이 순천의 부사로 부임을 한 손억은 이곳에서 생활을 하며 자신을 도와줄 관기를 찾고 있었는데, 관기 중 호호라는 관기가 손억의 눈에 띄게 되었다. 호호의 외모는 그리 두드러지게 수려하지도, 못 볼썽사납게 모나지도 않았다. 계란을 닮은 동그란 얼굴에 적당히 솟아난 코, 앵두는 아니지만 잘 익은 자두처럼 불그스레한 입술과 양 볼, 알밤 같은 짙은 눈동자에 살짝 찢어진 눈꼬리는 초승달처럼 아래로 치우쳐져 눈가에는 항상 웃음이 짙게 머물러있었다. 그리고 특이하게도 다른 관기들보다 훨씬 기운찼다. 가녀린 손가락이지만 억센 손바닥을 가지고 있어 무거운 물동이도 번쩍 들어낼 정도로 힘이 좋았고, 여리여리한 허리를 가지고 있으면서도 걸음걸이에 흔들림이 없었다. 그러한 모습에 손억은 호기심이 동했는지 호호에게 자신의 수청을 들게 하였고, 어느덧 3년이란 시일이 흐르게 되었다.

손억의 능력이 어찌 그리도 뛰어났는지, 조정에서는 그에게 더 높은 직급을 하사하였고, 순천을 떠나 다른 지역으로 갈 수밖에 없게 됐다. 그는 호호에게 자신과 같이 떠나자 청하였으나, '어느 곳에 머무르든 관기의 생활이 뭐 그리 특별하게 달라지겠소.'라며 그의 제안을 거절하였고, 둘은 서로 헤어지게 되었다.

손억이 떠난 뒤, 또 다른 부사가 부임하고, 여러 고위 관직에 머무르는 양반들이 왕래하며 호호에게 수청을 들라 하였다. 허나 호호는 손억을 잊지 못하였고, 관기를 그만두고서 마을에서 멀리 떨어진 고지라는 곳에 자리를 잡게 되는데... 그곳에 머무르며 옷을 짓거나 꿰매는 일 따위를 하며 손억에 대한 절개와 의리를 지키며 그녀는 홀로 살아갔다.

허름한 초옥으로 거친 바람이 휘파람 소리를 내며 들이친다. 마을 어귀에는 이미 진중한 고요가 산을 넘어 찾아왔다. 몰아치는 바람에 초옥에서 애잔하게 일렁이던 호롱불이 꺼지면, 어둠은 덩어리가 되어 그녀 곁으로 찾아온다. 은근히 새어 나오는 별빛조차 드문드문한 초옥 위로, 순식간에 시커먼 쓸쓸함이 쿵 하고 떨어진다.

그녀는 외롭다 하였다. 허나 그녀가 말하길, 자신의 외로움은 말이 아니라 하였다. 안착할 곳 없는 눈빛이라 하였고, 자신의 외로움은 긴 숨으로 꽉 막힌 목이라 하였다. 자신의 외로움에는 소리가 없고, 아무런 소리가 없어 더욱더 외롭다 하였다.

그 후 20여 년이 지나고, 또다시 진급을 하게 된 손억은 지방 순시 길에 순천에 있는 진남루에서 친구와 함께 술을 먹게 되었다. 한껏 술에 취한 손억은 뜬금없이 떠오른 기억을 놓치지 않았고, 함께 대작하던 친구에게 호호라는 관기는 어떻게 지내냐 물었다. 그가 말하길, 호호는 관기를 그만두고 마을에서 멀리 떨어진 곳에 초옥을 짓고 홀로 살고 있다 답하였고, 그 이야기를 들은 손억은 화들짝 놀라며 자신의 무정함을 뉘우치고 서둘러 사람을 보내어 호호를 데려오라 명했다.

해 질 무렵의 푸른 빛 속에서 걸어오는 그녀는 울고 있었다. 저 멀리서 다가오는 모습만 보더라도 손억은 그녀가 얼마나 큰 고생을 했는지 느낄 수 있었다. 둘은 서로의 옷깃이 스칠 만큼 가까워지고, 어느새 두 손을 마주 잡고서 진남루에 머물러 있다.

그 옛날 아름답던 호호의 손가락은 마른국수처럼 말라비틀어지고, 생활고에 얽매인 흔적 때문인지 손등은 주름살로 가득했다. 손억은 손가락을 벌려 호호의 머리카락을 어루만졌다. 검은 비단결 같던 호호의 머리카락이 굵은 실타래처럼 엉켜있다. 상처투성이 은비녀가 꼽힌 채로 올려져 있는 호호의 머리는 그녀의 모습을 더욱더 아련하게 만들었다.

가엾고도 안타깝게 그지없는 호호의 모습에 손억은 솟아나는 미안함과 과거 자신의 무정함을 사과하며 자신과 함께 떠나기를 간정하는데, 호호는 그런 그의 청을 간곡히 거절하였다. 박복한 자신의 몸이 갑자기 좋은 자리에 옮겨지는 것 자체가 오히려 죄를 받을지 모르는 일이라며, 더 이상 권하지 말라는 말을 끝으로 손억의 곁을 떠났다.

그러한 모습을 가만히 지켜보던 지인은 글 한 수를 짓게 되었고, 그때에 지은 글을 현판에 새기게 되었는데.

상월처량연자루(霜月凄凉燕子樓)

낭관일거몽유유(郞官一去夢悠悠)

당시좌객휴혐노(當時座客休嫌老)

누상가인역백두(樓上佳人亦白頭)

연자루 다락 위엔 서리달 처량한데
한 번 떠난 낭관은 꿈길마저 아득해라
그때의 좌중 손님 늙었다 싫다 마소
다락 위의 예쁜 님도 흰머리가 되었구려.

그때부터 옛 진남루는 중국의 열녀문으로 불리는 연자루의 이름을 빌려 진남루에서 연자루로 이름을 바꿔 부르게 되었다고 한다.

　눈물 없이 읽을 수 없는 대서사시, 순천기생 호호와 손억의 오랜 사랑 이야기였다. 무튼, 연자루는 1597년 정유재란 이후부터 여러 차례 소실되고, 유실되고, 재건되고를 거듭 반복하였다. 1919년에는 3·1운동 때 순천 상사면 출신의 박항래 옹이 연자루에서 독립 만세운동을 주도하였고, 1930년 일제가 시가지 정비계획을 빌미로 완전 철거되어 버렸다. 허나, 1978년 순천 출신의 재일교포 김계선 옹의 성금으로 지금 죽도봉공원에 원형 그대로 복원하게 되었고, 이제는 순천을 대표하는 유적으로서 순천 자랑 100선 제20호에 선정되었으며, 지금은 호남의 3대 명루라고 불리고 있다.

　사람도 변하고, 사랑도 변하고, 세월 또한 눈 깜짝할 순간에 변해 가는데, 장소라고 변하지 않을 수 있을까. 지금 내가 마주하고 있는 죽도봉공원은 어렸을 적 내 기억 속에 남아 있는 첫 느낌과 비교 했을 때는 많은 것들이 바뀌었다 말해도 과언은 아닐 것이다.

 공원 아래 주차장 입구에서부터 이어지는 아스팔트, 광장에 깔린 보도블록, 동백꽃 터널에 박혀있는 돌덩어리, 팔각정으로 올라가는 산책로, 죽도봉 둘레길, 전나무 숲 사이로 자리 잡은 데크길, 비둘기가 떠나간 그 자리에 새로운 조형물들이 안주인 노릇 하지만, 유일하게 바뀌지 않은 것 단 하나. 그것이 연자루다. 순천과 함께 살아 숨 쉬며 순천의 모든 것을 함께 했고, 순천이 살아왔던 모든 순간이 이곳 연자루에 녹아들어 있다.

 어느덧 하늘에서는 푸르른 별빛들이 떨어진다. 쏟아지는 별빛들은 오랜 세월 동안 이곳에 머물러있는 연자루와 나무들에 부딪히어 잘게 부수어지고, 견고해 보이는 세월의 틈 사이 사이로 스며들어 간다. 그러다 잘게 부수어진 별빛들이 진득하게 눌어붙어 있는 세월들을 조금씩 녹여낸다. 죽도봉공원에 딱딱하게 말라비틀어져 움직이지 않던 시간을 녹이고, 녹아든 역사의 숨결들은 호흡하며 산책로 위로 시간의 조각들을 차곡차곡 흘려보낸다. 들풀 아래로, 나무 아래로 떨어진 조각들은 산들바람에 실려 공원 구석구석을 쏘다니다 꽃가루보다 향긋한 세월의 향기를 사방으로 풍겨낸다.

 순천에 있는 것들 중 변치 않아야 할 무언가가 있다면, 그것은 단연코 죽도봉공원과 연자루일 것이다. 계속해서 지켜내야 할 것이 있다면, 그것 또한 죽도봉공원과 연자루일 것이다.
 그저 내가 생각하고, 바라고, 원하는 것은 단 하나. 이곳의 모습이 변치 않고 언제나 이 자리에서 서로의 추억이 되어 주는 것뿐. 언젠가 생길 수도 있는 나의 자녀 또는 나의 친구들과 먼 훗날 이곳을 방문했을 때, 그땐 그랬지 말하며 서로를 바라보고 추억할 수 있는 장소로 영원히 남아 있기를, 변하지 않는 본질로 남아 이 자리에 머물러 있기를 바랄 뿐이다.

 어둠이 내린 자작나무 숲 너머, 으스스한 저 아래 먼 곳에서 달리는 기차의 소리가 울린다. 세상에서 들려오는 모든 소리는 시간이 가는 소리라던가? 이제는 떠나야 할 시간. 겨울 눈 서리 포근히 덮고서 처연한 붉은 빛 간직한 동백꽃 필 무렵에 다시 돌아오련다. 그날에는 나 혼자가 아닌 누군가와 함께 이 길을 걸을 수 있기를, 그저 바랄 뿐이다.

광양고등학교

나는 순천 사람이다. 순천에서 나고 자랐고, 초등학교와 중학교를 순천에서 다녔기에 당연히 고등학교도 순천에서 다닐 것이라 생각 했다. 그러나 막상 중학교를 마무리하고 순천에 있는 고등학교에 가려 했지만, 중학교 시절 공부를 너무 잘 버린 나머지, 차마 순천에 있는 고등학교에 입학할 수가 없었고, 광양에 있는 광양고등학교로 유학을 떠나게 됐다. 아 참, 내가 고등학교에 다닐 시기에는 고교 평준화가 진행되지 않았기 때문에, 중학교 내신 성적으로 갈 수 있는 고등학교를 선택해야만 했다. 소위 말해 공부 좀 하는 친구들은 인문계를, 그다지 공부에 취미가 없는 친구들은 실업계를 선택했다. 근데 왜 광양으로 갔냐고? 앞에서도 말했듯 공부를 너무 잘해서 그런 것이니, 그냥 그러려니 하도록 하자.

인문계인 광양고등학교는 전라남도 광양시 봉강면 매천로 667에 위치해 있다. 풍수지리에서 택지를 정할 때 가장 이상적으로 여기는 배치는 배산임수, 즉 산을 등지고 물을 바라보는 곳을 말하는데 저기 위에 적어놓은 주소가 바로 그 명당이다.

당연하게도 처음 학교의 모습을 만났을 때는 바야흐로 십수 년 전, 고등학교 입학식 때였다. 이른 새벽, 불쾌한 공기를 맞으며 광양으로 가는 버스에 올랐다. 나를 태운 버스는 거무튀튀한 남자들로 가득 차 있었다. 신비한 풍경들을 지나고, 순천과 광양의 경계선을 지나고, 버스는 난생처음 보는 정류장에 나를 내려다 놓았다.

그 옛날, 내가 고등학교를 입학했을 당시만 해도 핸드폰을 가지고 있지 않은 친구들도 많았고, 당연스럽게도 스마트폰이라는 물건도 없었다. 학교에 대한 이렇다 할 정보도 없고, 어느 곳으로 가야 하는지도 모르는 거무튀튀한 남자 무리는 버스정류장에서 머뭇거리며 옆 사람과 안타까운 시선만 주고받고 있다. 순간, 여기저기 뭉쳐서 어딘가로 움직이는 무리가 눈에 들어왔다. 맞겠지? 싶은 생각에 우리 또한 저들의 발걸음에 동화되어 어딘가로 걸어갔다.

지평선이 보일 듯 말 듯 펼쳐져 있는 논밭을 가로지르고, 검은 아스팔트 대신, 흰 시멘트로 마무리되어 있는 길을 따라 한참을 걷고 또 걸었다. 대략 1.3km쯤 걸었을 무렵. 저 멀리에 세월이 느껴지는, 원래의 색이 무엇이었는지 가늠할 수 없을 정도로 노르스름하게 변해있는 건물의 외벽이 눈에 들어왔다. 볼썽사나운 4층 건물. 그 건물은 사철나무에 둘러싸여 있었고, 지금이 겨울이라는 것을 알려 주려는 듯, 곳곳에 구멍이 뚫려 있어 이곳의 분위기를 더욱 을씨년스럽게 만들었다. 우리는 '설마 저기가 학교겠냐?' 말하며 무리를 따라 계속해서 길을 걸었다.

순간, 나란히 길을 걷던 친구가 무언가에 소스라치듯 놀라며 나의 어깨를 두드린다. 왜 그러냐 묻자, 갈라진 잎사귀 사이로 언뜻 비추이는 벽에, 검은색 페인트로 희미하게나마 광양고등학교라 적혀 있다고 말하는 것이 아닌가. 한껏 눈살을 찌푸려봐도 내 눈에는 잘 보이지 않았지만, 그곳은 나의 고등학교가 맞았다.

벌판에서부터 밀려오는 몹시도 강력한 바람 덕에 교문 바닥에 말라비틀어져 있던 모래들이 조금은 사라진 듯하다. 앞마당 여기저기에는 줄 같은 것들도 그려져 있다. 흰색 도료가 대부분 벗겨져 있었지만, 그래도 이곳이 주차장으로 사용되고 있구나. 하고 추측할 수는 있었다.

어쨌든, 차가운 바람이 마른 모래로 뒤덮여 있는 주차장이라 추측되는 곳으로 휘몰아친다. 몰아치는 바람 덕에 기다란 은색 철봉 위, 높다랗게 매달려 있는 태극기의 펄럭임이 예사롭지 않다. 몹시도 오랜 세월을 견디는 동안 보수조차 하지 않았는지, 건물의 벽은 얼룩덜룩한 상처투성이였고, 그라피티 벽화처럼 군데군데 도드라져 있는 페인트를 보아하니, 본래 건물은 흰색 페인트로 칠해져 있었구나. 추측할 수 있었다.

담벼락 대신 건물을 둘러싸고 있는 앙상한 나뭇가지 옆으로 몸뚱이가 움푹 파인 회색 가로등들도 박혀 있다. 가로등의 녹슬고 지저분한 자태를 보아하니 제 역할이나 제대로 할까? 의심부터 밀려온다. 저 멀리 외벽에 늘어져 있는 거미줄이 나에게 잘 부탁한다고 손 인사 건네는 것처럼 바람에 나부낀다. 순간, 희뿌연 창문에서 반사되는 희미한 햇살이 나의 앞길을 나지막하니 비추다 급하게 사라진다. 사라진 그것이 나의 앞날이려나? 싶은 생각도 들었다 찰나에 사라진다.

아무튼, 푸릇한 기대로 가득 차 있던 입학식의 모습은 온데 간데 사라지고, 그날 내 눈앞에 펼쳐졌던 풍경은 옛 흑백 영화에서나 나올 법한 난민 수용소를 연상케 했다.

몇 대의 파란색 콤비 버스들이 교문 앞에 여러 학생 무더기를 내려놓고 떠나간다. 곳곳에서 자전거를 타고 돌아다니는 사람들, 나무 수레를 끌고 돌아다니는 사람까지는 없었지만, 책 보따리를 이마에 두르거나, 어깨 위에 짐 더미를 메고서 발걸음을 재촉하는 사람들이 내 곁으로 몰려온다. '삐이익' 하는 전자음 같은 울림소리가 내 고막을 두드리자, 어수선함으로 충만했던 이 공간에 정적이 흐른다. 스피커 너머 확성기에서 통보되는 안내 방송에 발맞춰 거무튀튀한 무리가 줄지어 움직인다. 그 무리에 속해있자니 이상한 기분이 든다. 어딘가에 있을지도 모르는 철조망에 매달려서 푸른 깃발을 손에 쥐고 자유를 갈망하고 싶어지는 생각이 드는 건 순전한 오해이고 기분 탓이겠지?

군중들에 휩쓸려 궁서체로 급식실이라고 적혀 있는 건물의 입구로 들어간다. 방수포를 성기게 엮어 놓아 만든 입구가 불어오는 바람에 계속해서 펄럭인다. 바닥에 자욱이 깔려 있는 흙먼지들도 화답하듯 군중들의 발걸음에 맞춰 뿌옇게 피어났다.

실내로 들어서자 천장에 몇 개씩 줄지어 달린 형광등이 불을 밝혀주고, 급식실에는 벌써부터 봄이 찾아왔는지 학생들의 머리카락은 다채로운 색깔로 물들어 있었다. 더욱이 울긋불긋한 옷들을 누더기처럼 걸치고 있어 그 모습이 몹시 조화롭기도 하다. 회색 스레트 벽에는 직접 만들어 붙인 교내 행사 홍보 포스터들도 붙어 있다. 새치기 금지, 실내 금연, 정량 배식 등등 아름다운 문장들도 예쁘게 적혀 있다. 밀려드는 학생들의 발걸음 소리에 화답하듯, 산 너머 능선에서 개 짖는 소리가 메아리치듯 울려 퍼지는 것 같기도 하다. 덕분에 내 목에도 거친 기침이 새어 나온다.

 몇 줄씩 길게 놓여 있는 흰 식탁. 그와 대조되는 붉은 의자는 일정한 간격으로 식탁에 고정되어 있었고, 애처롭게 회전하고 있어 이곳에 분위기를 더욱더 낯설게 만들었다. 영화에 빈번하게 등장하는 급식실 싸움 장면에서는 의자를 집어 던지며 자기의 의지를 표출하지만, 이곳에서는 불가능할 듯 보였다.

 바닥을 찍찍 끄는 신발 밑창 소리가, 누군가의 낮은 목소리가 잡음처럼 급식실 내부에 울려 퍼진다. 추운 겨울이지만 땀 냄새 인지, 담배 냄새인지, 무언가에서 나는 불쾌한 악취가 밀폐된 내부에 가득 차 있다. 불행인지 다행인지 내 옆자리에 앉아 있는 이름 모를 친구의 입에서는 민트향 숨결이 느껴졌다.
 어색함에 주변을 흘깃거리던 나의 시선이 바닥으로 향한다. 시멘트인지 대리석인지 알아보기 힘든 바닥에는 케첩인지 뭔지 알아볼 수 없는 붉은색 얼룩들도 널브러져 있다. 하아. 한숨이 쌓인다.

 나의 모교는 그랬다. 수려한 백운산의 정기를 받아 건물 뒤켠에는 울창한 숲이 우거져 있어 그 누구도 쉽게 도망칠 수 없었고, 5~6월은 물론 아마 느낌상으로 365일 내내 피어나 있는 진득한 밤꽃 내음이 학교를 대표 할 수 있는 향기였다. 랄까.

나와 비슷한 시기에 광양 고등학교에 다니셨던 분들이 이 글을 읽는다면, 나와 같은 촉촉한 감성에 젖어 그땐 그랬지 하며 추억을 회상하겠지만, 지금 광양고등학교에 다니시는 분들이 이 글을 읽는다면 전혀 공감이 가지 않을 법도 하다.

지금은 도로와 운동장이 더욱 넓어지고, 새로운 건물들도 세워졌으며, 이제는 명문이라 불리기까지 한다니. 이건 뭐 말 다 했지. 무튼, 이 이야기는 나의 과거 회상이고, 나의 회고이며, 멀고도 험난한 여정의 시작이라고 말 할 수 있다. 지금껏 서론이 길었지만, 이제부터 극한의 서바이벌 생존게임이 시작된다.

앞서 말했듯 나의 모교는 상상 속에 나올 법한 전형적인 시골 고등학교의 모습을 오롯이 간직하고 있다. 어찌 보면 두메산골 같은 시골까지는 아닐지라도, 꽤 시골스러운 모습들을 많이 간직한 광양고등학교. 시내버스 대신 소달구지를 타고 통학을 하는 친구들이 있다고 해도 많은 사람이 그 말에 의구심을 가지지 않았다. 랄까. 다만, 처음 학교에 입학하고 느꼈던 여러 낯섦들은 생각보다 너무 쉽게 적응이 됐다.

저녁 급식을 먹고 친구들과 모여 앉아 산 너머를 바라본다. 8반 창문 저 모퉁이, 서천 변을 넘고, 광야를 지나고, 개활지를 건너서라야만 겨우 보이는 저 끄트머리 어디쯤. 밝은 네온사인이 골목을 비추고, 화려한 음악이 우리의 심장을 박동하게 하는, 우리의 젊음을 살아 숨 쉬게 하는 읍내가 보인다. 옹기종기 머리를 맞대고 모여 앉은 빡빡머리 청춘들은, 불타는 서로의 눈빛을 맞잡고서 일사불란한 움직임으로 저 멀리에 피어난 불꽃을 향해 날아간다. 불나방처럼, 자유를 찾기 위해, 누군가의 구속과 간섭을 피하기 위해, 열사의 심정으로 교문을 나섰다.

3월 초순, 오후 6시가 약간 넘은 시간. 철모르던 그 시절, 그때는 광양의 저녁이 그렇게 서둘러 찾아오는 줄은 꿈에도 몰랐다. 교육의 억압을 피해 교문을 겨우 한 발짝 벗어났을 뿐이지만, 세상은 벌써 어둑어둑해져 있다.

버스정류장에서 무려 1.3km나 떨어진 곳에서 맞는 어스름이 오늘따라 유달리 쓸쓸하게 느껴졌다. 신병 교육대에 입소하고 나서 맞이한 첫날 저녁도 이랬던가? 저 멀리에 있는 백운산의 등줄기가 기묘하게도 어둠 속에서 더욱 선명하게 가까이 있는 것 같다. 길을 걷다 고개를 돌려 지나온 길을 더듬어 본다. 바닥에는 마른 잎들이 흐드러져 있고, 숨죽인 바람 소리가 내 그림자가 드리운 쪽으로 천천히, 고요하게 다가온다. 뒤처져 따라오는 친구의 허리춤에 잘 묶인 매듭을 손에 단단히 옭아맨다. 순간, 멀리서 흰색 에쿠스의 전조등이 밝은 백색 빛을 토해내며 거리를 밝힌다. 이럴 수가. 영안 사범이다.

땅거미가 내려서인지, 날아다니는 플라타너스 잎 덕분인지 나의 시야가 어두워진다. 괜스레 두려움도 밀려온다. 교실에 있었던 때로 시간을 돌이키고 싶은 생각도 간절하게 밀려든다. 그날은 야자 땡땡이를 치려 했던 첫날 저녁이었다.

나와 같은 심성을 가진 선량한 친구들은, 매 수업 시간 동안 같은 꿈을 꿨다. 언제나 자유를 갈구했고, 학교에서 벗어나는 방법을 연구했다. 그러나 우리의 바람과는 다르게, 야간 자율학습이 시작된 교실의 풍경은 언제나 꼭 같았다. 발바닥을 감싸 쥐고 있거나, 허벅지와 종아리를 비비적거리는 친구들, 구렛나루가 하얗게 밀려 있거나 그러한 모습을 바라보고 흡족하게 웃는 선생님들. 허나, 언제나 그랬듯 청춘은 또 다른 방법을 찾았다.

비바람으로 부식되어 반쯤 무너진 돌담 사이로 금이 간 주택이 머물러 있다. 담벼락 아래 죽은 잔디 무더기가 쌓여 있고, 여기저기 그을음이 묻어 있는 커다란 바위들, 사람들의 왕래도 없었는지 울퉁불퉁한 바닥 위로 구불구불한 나무뿌리들이 성기게 솟아나 있다. 아직 색이 바라지 않은 흰색 담배꽁초들, 그와 맞닿은 채 누워 있는 잔디 사이로 귀뚜라미 한 마리 사락거리며 지나간다.

듬성듬성 머리카락이 비어있는, 푸르른 달빛이 서려 있는 사내들의 머리통 사이로 산들바람 여러 줄기 스며든다. 등으로 느껴지는 벽의 차가움이 나의 입안을 더욱 메마르게 만든다. 고운 먼지 냄새, 축축한 흙과 죽은 나뭇잎에서 새어 나오는 흙냄새가 우리의 심장을 침착하게 만든다. 순간, 어둠 저편에서부터 밝은 빛이 다가온다. 별빛 한 줌 비추지 않는 시골길 너머에 노란색 불이 밝아 오고, 잔잔한 진동 소리가 발바닥 아래에서 그르렁거린다. 나는 손에 묻은 하얀 먼지들을 바지춤에 털어내고, 친구의 옷깃에 달라붙어 있던 거미줄도 떼어준다. 사부작거리며 발에 밟히는 잎 더미가 나를 기분 좋게 만든다. 몸을 낮게 숙인 친구들의 시선이 느껴진다. 진정되었던 심장이 다시금 빠르게 박동한다. 이제 시간이 됐다. 나와 친구들은 마음을 다잡고, 다가오는 빛을 향해, 밀려오는 자유를 향해, 가까워지는 99번 버스를 향해 하나둘 달음박질하기 시작했다.

광양고등학교 가까이에는 2개의 버스정류장이 있다. 지금은 없어졌지만, 학교 바로 앞 허름한 주택들 사이에 나 있는 오솔길을 지나면 99번 버스를 탈 수 있는 정류장이 있었다. 다만 99번 버스는 대부분의 친구들이 가고자 하는 목적지로 그들을 데려다 주지 못했고, 또 다른 정류장은 학교 정문에서 출발하여, 총 거리 약 1.3km, 도보로 19분, 자전거로 4분 남짓 걸리는 거리에 위치 해 있었다. 그곳으로 가야만 대부분의 학우들이 원하는, 자유를 갈망하고, 태고의 안식을 취할 수 있는 그곳으로 가는 버스를 탈 수 있었다.

허나 안전하게 버스정류장에 도착하기란 여간 어려운 일이 아니었다. 빠르게 달음박질친다 해도 최소 10분 이상이 걸릴 수밖에 없는 거리. 선생님들의 감시와 영안 사범의 눈을 피해 무사히 버스정류장에 도착한다 할지라도, 끝날 때 까지 끝난 게 아니듯, 재수 없으면 하나뿐인 버스정류장에서 붙잡힐 수밖에 없는 그런 구조였기 때문이다. 조금 더 열정이 활발한 친구들은, 조금 더 멀리에 있는 정류장으로 가 버스를 기다렸지만, 나는 그러지 않았다. 귀찮았기에.

아무튼, 여름이고 겨울이고 할 것 없이 우리는 그 멀고도 험한 거리를 힘들게 걸어 다녔다. 아주 단순하고도 확고한 목적, 야자를 땡땡이치기 위해서. 그 이상도 이하도 아니었다. 그땐 그게 뭐가 그리 즐겁고도 재밌었는지, 지금도 몹시 이해가 된다.

떠오르는 추억들을 뒤로하고, 처음은 아니었지만 오랜만에 차를 타고 나의 모교로 향했다. 얇게 열려 있는 창틈을 통해 차 안에 바람이 고인다. 익숙한 냄새가, 무거워진 공기가 차 안으로 내려앉는다. 왠지 모르게 처음부터 차 안에 짙게 배어 있던 냄새 같은 기분도 든다.

갑자기 그 옛날 기분 나빴던 추억이 떠오를 때처럼 속이 답답해진다. 나는 몸을 뒤척였다. 액셀러레이터를 밟지 않고 있는 다리를 흔들다가 올렸다 내리고, 팔을 창틀에 기댔다 내려놨다. 어깨를 양쪽으로 씰룩거리다 자라처럼 목덜미를 한껏 움츠렸다 풀었다. 고개를 까딱이다 돌려도 보고, 무릎을 붙였다가 풀었다를 반복했다. 하지만, 자세는 여전히 불편했다. 몸을 움직일 때마다 엉덩이는 더욱 나의 신경을 거스르며 아파왔다. 어떻게든 편안한 자세를 찾으려 몸을 움직여 보아도, 움직임이 더해질수록, 들썩임이 커질수록 신경은 더욱더 무뎌져만 갔고, 앉아 있던 의자는 더욱 딱딱하게 느껴졌다.

자동차는 큰길에서 좁은 길로, 다시 큰길로 돌아서서 한참을 달려 나간다. 그러자 저 멀리 학교가 눈에 들어온다. 익숙하리라고 생각했지만 당연스럽게도 그곳의 모습은 너무 많은 것들이 변해있었다.

나는 움직임을 멈췄다. 안전벨트가 가슴을 세게 누르고 있었고, 청바지가 다리에 달라붙어 갑갑했으나, 심호흡 두어 번 즈음 하고서 다시 한 번 정신을 집중했다. 그러자 답답했던 감각도 더욱 뚜렷해진다. 가장 불쾌한 곳은 신발이었다. 엔진에서 뿜어지는 열기 덕분인지는 몰라도 발이 줄곧 뜨겁게 느껴진다. 어느새 땀에 젖은 발이 운동화 속에서 아우성을 치고 있다. 뜨겁고 축축하고 몹시 불편했다.

"제발 아무도 마주치지 않았으면 좋겠다."

학창 시절의 나는 여느 친구들과 다름없이 공부보다는 안개 속에서 방황하는 것을 더 즐겼고, 교련, 영어, 진로와 상담, 수학 등등의 다른 교과서보다 가우리 작가의 강철의 열제를 더 열심히 탐독하는 공부의 주변인이었다. 나는 여느 친구들과 다름없이 무협지에서 나오는 가우리의 열제 '고진천'을 제외한다면, 교과서에 나오는 여러 위대한 인물들에게서 어떠한 매력도 느끼지 못했다. 지금 와서 생각해 보면 아마 여러 위인과 나와의 유사성이 너무도 없었기 때문은 아닐까 생각해 본다. 또는, 나의 눈이 그리 좋지 못해 초등학교 4학년 때부터 안경을 썼지만, 학교에서는 항상 교탁과 가장 멀리 떨어진 창문 바로 아래에 앉아 있어 그럴 수도 있겠다. 라는 생각도 든다.

나는 수업 시간이면 창밖을 보며 떠다니는 구름의 둘레를 재었다. 눈앞에 보이는 푸르름이 하늘과 바다 중 어느 쪽에 더 가까울까 따위를 고민했다. 그러다 슬며시 곁눈질로 쳐다본 선생님과 눈이 마주친다. 나를 쳐다보는 선생님의 힘을 준 이마와 위로 당겨진 눈썹이 몹시도 어색해 보인다.

나는 매시간, 선생님과 언제 눈이 마주칠지 모른다는 긴장감 덕분에 온몸이 경직되어 갔고, 질문을 던지는 선생님에게 답을 하지 못하는 나의 짧은 어휘력과 가난한 말투를 원망하며 바닥에 엎드려 허공에 먼지를 세었다. 정규 고등학교의 혹독한 과정 덕분에 나의 정신은 점점 말라갔고, 교과서의 내용 대신 눈앞을 지나가는 구름의 모양들만 모조리 외울 지경이 되어 버렸다.

나는 매일동안 학생이라는 죄로 학교라는 교도소에서 교실이라는 감옥에 갇혀 출석부라는 죄수명단에 올라 교복이란 죄수복을 입고 공부란 벌을 받으며 졸업이란 석방을 기다렸다. 지금 생각해 보면 그때가 좋았지. 그 시절 입고 있었던 죄수복이 내 인생에서 입게 될, 입었던 옷 중 가장 안전한 옷일지는 알지 못했다.

그 시절, 나는 참을성이 없어 서둘러 어른이 되려 발을 구르며 나이를 불렀다. 하지만, 교복을 벗고 학교를 나가는 순간, 나의 잘못을 책임져줄 선생님도, 나의 잘못을 일탈로 바꿔줄 교복도 없었다. 그래도 지금 생각하면 그때의 모든 날들이 쏜살같이 흘러가 버렸지만, 후회는 없다. 는 거짓말이겠지.

앞서 말했듯, 우리는 자유와 꿈과 희망을 찾을 수 있는 버스를 타기 위해 1.3km가량의 길을 쉼 없이 걸었다. 항상 걷던 길이 뭐가 그리 신나고 재미있었는지, 허구한 날 그 길을 걷고 또 걸었다. 친구라는 듬직한 단어 하나로 똘똘 뭉쳐 무서울 것도, 두려울 것도 하나 없다는 듯 그 길을 걸었다.

어떤 날은 커다란 도로변에서 벗어나 흙더미 가득 널브러진 골목길 사이를 지나 거리를 빙빙 돌았다. 또 다른 날은 공원에서 그네도 타고, 인적이 드문 풀숲 가에 줄줄이 서서 잔잔한 물줄기를 세상으로 뿜어내기도 했다. 그 모습이 뭐가 그리 재밌고도 우스운지 낄낄거리며 서로의 사진을 찍었다. 얼굴 마주 보며 웃기도 하고, 터무니없이 많은 꿈을 나눴다.

우리의 첫차는 포르쉐였고, 집은 펜트하우스, 방은 8개, 허구한 날 함께 골프를 치러 해외여행을 가기로 약속하였고, 대학은 SKY 중 한곳이었다. 그렇게 미래에 마주할 우리의 모습들을, 파란만장할 이야기의 서사들을 하나둘 허공으로 날려 보냈다.

어느덧 지평선 저 너머에서부터 땅거미가 내린다. 우리의 광야는 순식간에 전혀 다른 농도로 변하고, 검게 출렁이는 바다처럼 광활하게 밀려온다. 주변이 어두워질수록 우리의 모든 약속은 허약해졌다. 무수히 반복되었던 우리들의 이야기가, 길 위에 차곡차곡 쌓아 놓은 추억들이 어느새 각기 다른 의미를 가진 색깔들로 변해갔다.

내가 결혼을 하면 '벤츠S 클래스를 무상으로 대여해 주겠다.' 노래를 부르던 친구는 연락이 끊긴 지 오래, 철모르고 사방을 돌아다니던 친구는 철을 많이 들어 헬스 트레이너가 되었고, 주먹밥 2개로 하루를 때우던 친구는 낚시꾼이 되었다. 이라크에서 1,000억짜리 공사를 하겠다던 친구는 잦은 야근으로 머리가 벗겨지고, 몇몇 친구들은 아이의 아빠가 되었다.

그때에 포르쉐는 상상 속의 동물, 18평 아파트도 우리에게 귀했으며, 대학은 다니지도 않았다. 그 옛날 그 길을 걸으며 느꼈던 모든 감정과 추억들은 색색이 섞여져 처음과는 전혀 다르게 변해졌다. 눈을 감을 때라야 보이는 내 앞날처럼, 결국엔 검은색이 되어버렸다.

나는 이번만큼은 현실적으로 서글픈 글을 쓰고 싶지 않았다. 우리 주변에는 이미 너무도 많은 슬픔과 아픔을, 서로에 서글픔을 하찮게 노래하는 과장된 시와 소설이 즐비해 있다. 마치 우리 삶의 주제가 '애절함' 하나인 것 마냥, 너무 많은 서러움을 문장 속에 담아낸다. 서글픔이 과잉 생산되는 지금의 세상에서는 차라리 아무것도 하지 않고 무언가를 기다리는 편이 더 나았을까? 각설하고, 더 이상 나의 문장들이 추를 달고 어두운 심연으로 가라앉지 않게, 이루어지지 않았던 짝사랑 이야기로 글을 마무리하련다. 그렇다. 이 앞에 모든 글은 서론이었다. 이제 본론으로 들어가자.

그녀와 나의 이야기가 시작되지 않았다면, 그리움과 후회 또한 생기지 않았을 터. 다만 여전히 헤아릴 수 없는 많은 감정의 관계들이, 진작 끝장나버린 이 추억 속에 여전히 머물러 있다.
　이 이야기는 맑고 동그란 눈을 가졌으며, 반듯한 앞머리와 어깨를 지나서 날개 뼈에 닿을랑 말랑 찰랑거리는 긴 머리카락을 가진, 꼬리를 안으로 감고서 골똘히 깊은 사색에 잠긴 것 같은 검은 고양이를 닮은, 달콤한 사과향기가 나던 그녀와 나의 첫 만남에 관한 이야기이다.

나는 여느 때와 마찬가지로 서둘러 저녁 식사를 끝마치고, 1.3km의 광야를 지나 버스정류장에 도착했다. 저 멀리서 다가오는 77번 버스가 보인다. 심호흡 크게 한번 하고 안주머니에 손을 넣어 지갑을 꺼낸다. '치익' 하는 브레이크 소리와 함께 버스가 내 앞에 멈춘다. 짧은 계단과 연결된 접이식 문이 열리고, 나는 버스에 올랐다. 약간 머리가 벗겨진 버스 기사님은 나에게 '어디까지 가느냐?' 물었고, 나는 '순천까지요.' 라 화답했다.

언제나 그렇듯, 77번 버스는 각기 다른 교복을 입은 학생들과 탁한 공기로 채워져 있다. 버스에 가득 찬 사람들 사이를 가로지르며 좁은 통로를 지난다. 신호등이 바뀌자 버스는 기다렸다는 듯 '부르릉'하는 엔진 소리를 내며 앞으로 나아간다. 나는 천장에 연결된 플라스틱 손잡이를 잡을 새도 없이, 흔들리는 버스에 몸을 맡긴다. 울퉁불퉁한 도로 위를 내달리며 '끼긱'거리는 버스의 비명에 발맞춰 고양이처럼 통로를 사뿐사뿐 걷는다. 큰 도로에 다다른 버스가 속도를 높이자, 버스는 더욱더 심하게 상하좌우로 흔들리기 시작한다. 나 또한 익숙한 흔들림에 맞춰 언제나 그랬듯 주변을 두리번거렸다.

창문과 의자 머리 받침대에 덕지덕지 붙어 있는 여러 광고 포스터를 읽는다. 매번 똑같은 광고이지만, 마땅히 눈을 둘 곳도 없기에 다시 한 번 광고를 읽어본다. 위태롭게 손잡이에 매달려 안간힘을 쓰며 버티고 있는 사람도 눈에 보인다. 버스가 교차로에서 우회전을 하자, 좌우 손잡이에 매달려 있던 학생들과 가볍게 몸이 닿는다. 인상이 찌푸려진다. 내 친구들이다. 눈 깜짝할 시간에 스쳐 지나가는 거리의 가로등과 차량들, 그 언저리로 무리 지어 앉아 있는 여학생들의 소란스러운 웃음소리도 들린다. 순간, 이름 모를 달콤한 복숭아 향기도 풍겨오는 것 같다.

'삐' 하는 하차 버튼 소리에 사람들이 문 쪽으로 몰려든다. 내리려는 사람과 내리지 않으려는 사람들 사이에 작은 실랑이가 벌어지지만, 그리 대수롭지는 않다. 버스가 멈추고 문이 열린다. 열린 문틈으로 달빛이 스며든다. 휑하니 비어있는 내 머리통 사이로, 지나치는 행인처럼 바람이 불어온다. 순간 나의 고개가 바람이 불어간 방향으로 향한다.

눈이 부셨다. 처음 보는 그녀가 여학생들 사이에서 빛나고 있다. 사탕을 입에 넣고서 볼이 통통해진 그녀가 빛난다. 자, 이제부터 사춘기 고등학생의 계절이다.

'씽긋' 웃음을 내어놓는 그녀가 나의 심장을 찬란한 조각으로 부서뜨린다. 아픈 가슴 부여잡고, 헛기침 두어 번 하고서 곁눈질로 그녀를 바라본다. 다시금 버스의 문이 열린다. 열린 문 덕분에 거리의 소음은 더욱 커졌다. 계단을 급하게 뛰어 내려가는 이름 모를 이의 발소리인지, 내 심장 박동 소리 인지는 모르겠으나, 커져가는 소리가 버스에 번진다. 처음에 '쿵쿵' 거리던 소리는 주위의 시선 따윈 안중에도 없다는 듯, 사방으로 '쿵쾅'거리며 광대한 소음을 퍼뜨렸다.

친구에게 묻는다.

"야야 쟤 누구냐?"
"쟤? 너 쟤 모르냐?"
"누군데?"
"나도 몰라."

나는 새어 나오는 한숨을 멈추고, 혹시라도 소녀와 눈이 마주치면 오금이 저릴까 봐 가방을 꼭 껴안고 친구들 사이에 몸을 숨겼다. 다만, 떨리고 막막한 심정을 뒤로하고 혹여나 소녀가 나와 눈이 마주친다면, 소녀가 나를 발견한다면 나는 어떻게 해야 하나 고민하고 또 걱정했다. 조심스레 소녀를 바라보며 나는 생각하고, 또 생각했다. 버스가 멈추지 않고 이 길을 계속 달려가기를, 뭔가에 홀린 것 같은 지금의 행복이 순간이 아니기를.

그날 이후, 평범한 일상을 즐기던 사춘기 소년은 감정과 정신을 잃어버린 듯, 소녀라는 세계에 압도당하고 무능해졌다. 세계의 유명한 위인들의 명언도, 소설 속에 등장하는 고진천의 능력도 소녀의 웃음소리 앞에 엎드려진 채 잠잠히 숨을 죽였다. 소녀의 미소는 깊고도 어두웠지만, 몹시 아름다웠다. 소녀를 마주친 모든 이들은 자신의 모자람에 부끄러움을 느끼고 세계의 뒤쪽 어딘가로, 숨겨진 구멍 속으로 소녀의 낯을 피해 도망치고 싶었을 것이다. 그때의 나처럼.

처음의 만남 이후로, 나는 창밖을 떠다니는 구름에 소녀의 모습을 그렸다. 허나 시간이 지날수록 소녀의 잔상은 점점 모호해졌고, 소녀의 존재는 흐릿해져만 갔다. 그러던 중, 우연일지, 인연일지 모르게 두 번째 만남은 이루어졌다.

평소와 다르게 이른 버스에 올랐다. 버스에 멍하니 앉아 이제 막 살아 움직이는 창밖의 연두색 풍경에 눈길을 주었다. 그러다 문득 고개를 돌렸다. 소녀다. 분명 소녀가 맞다. 버스 중간쯤에 서 있는 사람의 무리 속에 유난히 빛나는 소녀가 있다. 한눈에 들어오는 소녀의 옆모습, 서글서글한 눈망울과 곧고 오똑한 코, 부드러운 입술의 윤곽, 온화하고 사랑스러운 턱선, 한낮의 빛살을 가로지르는 버스의 위치에 따라 조금씩 변해가는 음영까지. 선하고 투명한 소녀의 모습을 누구의 방해도 받지 않고 오래도록 지켜보았다. 반가운 마음에 손을 들어 소녀를 불러 볼까도 했지만, 그냥 계속해서 소녀를 보고 싶어 이내 손을 천천히 내렸다.

처음엔 두 번째 만남은 좀 나을 줄 알았다. 긴긴 기다림 끝에 소녀를 다시 만나게 된다면 내가 좀 더 현명하게 대처할 수 있으리라 믿었다. 허나 혼자서 너무 오랫동안 소녀를 그리워하다 만난 탓일까? 첫 만남의 아쉬움을 간직하고 있었던 탓일까? 두 번째 만남 또한 허무하게 끝나버렸다.

그 후로도, 매 수업 시간마다 창밖에 떠다니는 구름에 소녀의 얼굴을 그리며 소녀와의 만남을 고대했다. 혹시 세 번째 만남까지 하게 된다면, 충분히 성숙하고, 그러면서도 충분히 가볍게 다가갈 수 있으리라. 여름 햇살을 함께 맞으며 길을 걷고, 나풀거리다 꽃길 위에 머무를 수 있으리라.

그러다 세 번째 기회가 운명처럼 찾아왔다. 나는 소박한 기대를 안고 소녀에게 인사를 건넸다. 살짝 찌푸려진 소녀의 이마에는 당황한 기색이 역력했다. 그러다 이내 입가에 미소를 띠다가도, 웃음기 없는 언짢은 목소리가 소녀의 목구멍에서 흘러나온다. 아마 갑작스럽게 거리를 좁혀오는 내 행동에 놀랐으리라. 혹은 나 혼자만 신나하는 모습에 더욱 부담이 됐으리라. 아직 철 모르던 시절, 상대방의 마음이 내 마음과 같아질 때까지 넉넉한 기다림이 필요하다는 사실을 그때는 몰랐다. 내 감정이 진실하다는 이유로 내 감정을 상대방에게 강요할 수 없다는 사실을, 그때는 몰랐다.

찰나를 사랑했다. 우연히 버스에서 마주쳐 지나치는 너의 향기가 날 훑는, 너와 언뜻 시선이 마주쳤다 흐트러진, 너에게 인사를 할까 말까 망설였던, 너와 내 어깨가 스쳐 간, 이 소소한 외침을 너에게 전할까 말까 고민했던, 그러한 찰나를 사랑했다.

우리의 만남, 그 찰나에 끝나버린 관계에 생길 리 없는 그리움과 후회 따위가 머릿속에 맴돌고 있다. '안녕' 하고 멀어지는 소녀의 끝인사는 나의 어떠한 물음에도 화답하지 않았다. 나는 그저 소녀와의 행복을 바랄 뿐이었지만, 그날 이후 '안녕' 이란 끝인사는 찰나를 떠올리는 매개가 되었다.

 추억은 떠올릴수록 아름답다고 말하지만, 꽤 된 그 날의 계절에 있었던 찰나는 평생을 시달려도 시린 아픔이었다. 아름답고 비절한 그날의 장면을 추억이라고 불러야 할지, 나를 낭떠러지 끝자락까지 내몰도록 만드는 무언가라고 칭해야 할지. 이러한 잡다한 고민에 몰두할 시간은 오래도록 나의 일과를 차지하고, 보람차야 할 나의 학창 시절을 오래도록 방해했다. 한편으로는 홀린 것처럼 행복했기에, 그 순간에 멀어지는 너를 바라보면서 네가 행복하기를, 나는 바라고, 또 바랐다.
 그리고 혹시, 이런 것이 진정한 사랑이라면, 두 번 다시 시작되지 않기를, 부디 시작되지 않기를 나는 바라고, 또 바랐다. 그래서 내일모레 쉰을 바라보는 나는 아직도 사랑을 모르나 보다.

 학창 시절 3년 동안, 나와 친구들은 광양의 이 골목 저 골목을 누비며 별다를 것 없는 추억들을 쌓아갔다. 그 시절 여느 때와 마찬가지로 우리는 길을 걷는다. 그때에 나는 아무리 꽁꽁 싸매도 몹시 추운 남색 자켓의 단추를 끝까지 채우고, 검은색 나이키 책가방을 단정하게 메고서 길을 걸었다. 내 옆에서 나란히 길을 걷는 친구는 넥타이를 풀어 헤치고 소매까지 걷고서 앙상한 팔뚝을 이리저리 흔들며 앞으로 나아간다. 몇몇 친구들도 입술을 씰룩이고 저마다의 개성을 뽐내며 길을 걸었다. 앞서 말했듯 탁 트인 광야, 이제

막 택지 개발이 끝나 구획만 나뉘어 있는 골목길, 3년이 지났지만 건물 하나 올라서지 않은 이곳. 그나마 몇몇 택지에 공사가 진행된 듯했지만, 검은 아스팔트 위에 흩뿌려진 흙더미가 이곳의 모습을 더욱더 시골스럽게 만들었다.

  한 친구가 녹슨 철근 더미를 피하려 뜀박질을 한다. 그 녀석이 밟고 지나간 자리에 아직 얼어붙지 않은 먼지가 몽골 몽글 피어난다. 바닥에 얼룩처럼 떨어져 있는 깨진 유리 조각들이 바스락거리며 내 발에 밟힌다. 머리 위로 날아가는 새들을 보며, 누구 머리에 똥을 쌌느냐며 웃음 짓는다. 이따금씩 천천히 도로를 달리는 흰색 자동차에 너 나 할 것 없이 어깨가 움츠러들지만, 그 모습 또한 서로의 얼굴에 웃음을 짓게 만든다. 친구들의 웃는 얼굴이 꽃잎처럼, 하얀 연기처럼 바람에 뒤섞여 공중을 맴돌다 흩어진다.

  무엇이든, 마지막 하나만 남아있을 때의 불안감을 알고 있다. 몇 날 동안 빨래를 하지 못해 옷장 속에 딱 한 장 남아있는 속옷이라든가, 버스 정류장까지 죽도록 뛰어야 탈 수 있는 한 대 남은 막차라든가, 배가 좀 넉넉히 채워졌구나 싶은데 딱 한 숟갈 남은 밥이라든가. 하나만 더 있었더라면 상황이 달라졌을 것도 같고, 하나가 더 필요하므로 불만인 무언가들이 있다. 둘이 남았을 때는 별스럽지 않다가도, 하나밖에 사라지지 않았지만, 무척 커 보이는 다른 하나의 공백. 우리는 언제나 '0'과 '1' 사이에 놓인 불쾌한 긴장감이 싫어서, 또 그런 긴장감이 불러오는 의미 없는 상상 따위가 귀찮아서, 누구보다 한발 앞서 미래를 준비했다. 그러나 예기치 않은 순간, 길을 묻기 위해 뒤에서 어깨를 두드리는 차가운 타인의 손처럼, 멀리 있는 줄 알았지만 바로 코앞까지 다가온 3학년의 끝처럼, 모든 '마지막 하나'들이 불현듯 다가와 마지막을 고하듯, 나의 학창 시절도 그렇게 끝을 맞이했다.

길을 걷던 우리의 신발 위로 뽀얀 먼지가 내려앉는다. 발에 치이던 잔돌이 내 신발 밑창을 뚫고 들어 왔는지 발바닥이 따끔거린다. 이제는 풀밭을 가르며 북쪽에서 불어오는 바람의 끝자락이 느껴진다. 고개를 들었다. 이제야 멀리에만 있는 줄 알았던 버스 정류장이 눈에 들어온다.

　십수 년이 지난 후. 어느덧 내 나이가 내일 모래 쉰을 바라볼 때 즈음, 오랜만에 고등학교 친구들과 재회 하게 됐다. 지금의 우리는 고등학교 시절, 야자를 땡땡이치고 길을 걸으며 했던 이야기와 완벽하게 다른 차를 타고, 그 시절 화려했던 외모 또한 사라져 버렸으며, 둥글둥글한 몸뚱이를 가진 아저씨가 되어 버렸다.

　그간 치열하게 살아온 자기의 내력들이 어찌나 아까웠는지, 어느 것 하나 버려두지 않고 자신의 몸뚱이에 치덕거리도록 쌓아 놓은 채 지금으로 불어나 있다. 지금의 모습 또한 곧 중년이라 불릴 우리의 모습이리라. 물론 나 또한 다른 친구들의 모습과 다르지 않았다. 매일 밤 공공연하게 찾아드는 나의 가학적 식욕들이 나를 고도비만으로 만들었다.

　오랜만에 만난 우리는 각자의 모습을 보며 한바탕 웃음 짓더니, 우리가 이렇게 변하게 된 것은 전부 세상 탓이라 한마음으로 외친다. 어찌 됐건, 우리를 고도비만으로 만들었던 세상이, 이제는 친히 편지까지 보내며 우리 몸에 붙어있는 그것들을 덜어내라 강력하게 경고한다. 그렇다고 우리가 이 나이에 무슨 부귀영화를 누리겠냐며 다이어트를 하고 극성을 떠는 꼴이 같잖아 옹색스러운 마음이 텁텁하게 머무를 수 있지 않을 수 없는 까닭을 헤아릴 필요도 없지만, 우리의 꼴을 보아하니 계속해서 이렇게 살아가다가는 모두의 무릎이 먼저 주저앉을 판이다.

예전과는 다르게 조명이 휘황찬란한 한밤중의 거리를 걷는다. 좁은 건물들에 간판이 빼곡하게 붙어 있어 내 시선이 어지럽다. 함께 밤을 새우던 친구들이 서로에게 묻는다. 행복이 별거냐며. 다들 쉬이 별것이 아니라 말하지만, 사실 행복이란 별것이 맞다. 우리가 행복을 돈으로 살 수 없는 이유는, 그만큼의 돈이 없어서라고 누군가 말한다. 우리는 기쁨 정도는 살 수 있지만, 행복은 살 수 없다 말 한다. 에르메스, 리챠드밀, 몽클레어가 행복이고, 다이소에서 파는 3000원짜리 컵은 기쁨이란다. 서로를 보며 마냥 웃음 짓는다.

그래도 행복이 영영 오지 않는 것도 아니라 말 한다. 언제, 어디서 서로에게 찾아올지 모르니 준비를 하란다. 때때로 잠시의 행복이 삶의 절박한 숨구멍이 되기도 한다고 누군가는 이야기한다. 그렇기에 우리는 행복의 순간에 행복을 찾아낼 수 있는 사람이 되어야 한다나 뭐라나. 떨어지는 속도가 날랜 것인지 더딘 것인지 가늠하기는 어려웠지만, 딱 그만큼 우리의 밤이 깊어간다.

이처럼 나의 인생이라 되짚어봤던 것들도 지나가는 찰나이기에, 그날에는 스스로에게 위로를 건네며 반쯤 모자란 삶을 살았던 것 같다. 지금에 돌이켜 보니, 지나간 모든 것들은 생각보다 조금 더 아팠고, 생각보다는 견딜만한 학창 시절처럼 느껴진다.
별스럽지 않던 그 시절, 지금처럼 길을 가다 넘어졌을 때. 나는 무슨 생각을 했을까? 아마 지금과는 다르게 딱 한 가지 생각만 떠올랐을 것 같다. '이제 일어나야지. 넘어졌으니.' 당연히 넘어진 후에는 일어나야 하니까.

바닥에 넘어졌던 어제에도, 일어서지 못하고 여전히 주저앉아 있는 오늘에도. 우리의 추억이 쌓여 있는 광야에는 민들레와 뚝새풀이 자라나고, 하루살이 떼가 벌판 위를 윙윙대며 날아다니겠지.

10월 1일

　작은 정원에 햇살이 비친다. 여린 화초는 벌써 오래전에 시들었지만, 키가 작은 풀들은 바람결에 살랑이며 몸을 흔든다. 화초에 물을 주던 그녀의 초록색 앞치마는 언제나 청결했다. 휴일이면 정원에는 자그마한 아이들의 웃음소리가 꽃피듯 물결쳤다. 주황빛 벽돌로 만든 담장을 넘고, 공기를 휘저으며, 작고 귀여운 파도는 나뭇잎을 흔들었다.

　그 모습에 한적한 골목길을 걷는 사람들은 잠시 걸음을 멈추고 서서, 거리에 얕은 미소를 심어 놓곤 했다. 하늘이 물들어 있는 창틀과 활짝 열린 창문, 나풀거리는 라벤더색 커튼, 에어프라이기에서 갓 꺼낸 치킨의 구수한 냄새, 라면이 보글보글 끓는 소리.

　아이들은 엄마의 품속으로 뛰어들고, 나는 카메라를 꺼내 들고서 그들의 움직임을 바라보았다. 라는 꿈을 꾼다.

나에게 있어 결혼은 공간이고, 거기에서 벌어지는 살림이었다. 나는 자주 나의 집과 주방을 그리고 가꿨다. 입구에서 거실로 이어지는 거리를 계산하고, 무엇을 사고 채울까 고민했다. 거대한 목조 식탁을 들이고, 무드 등을 달고, 책장을 채우는 세세한 그림을 그렸다.

티 테이블 위에 예쁜 커피잔을 올려두고, 선반에는 두께와 재질이 다른 갖가지 프라이팬들을 쌓아놓자. 욕실에는 향을 켜두고, 어스름에는 호롱이는 초를 켜 놓아야지. 같은 상상 따위를 했다.

다만, 사랑 그리고 결혼. 이런 것만으로 나의 삶이 순탄해 지리라, 인생의 허무가 채워지리라 생각하지는 않는다. 나는 번번이 외로움에 잠기는 사람. 더군다나 소심한 성격에 내성적이기까지 한 나는, 친구들 사이에서도 항상 겉돌고 누군가와 제대로 어울리지도 못했다.

그러면서도 언젠가는 내 곁에 누군가 나타날 것이라는 확신을, 인연을 만날 것이라는 믿음만큼은 버릴 수 없었다.

결혼이라는 시간이 내 생각보다 훨씬 불우하고, 기쁘지만 절망적이고, 화려한 희망이지만 비참한 순간들로 채워져 있을지라도, 해보지 못한 것을 해보고 싶은 마음만큼은 포기할 수 없었다.

그러나 내 주변 결혼을 한 몇몇 친구들, 아니 모든 친구들은 하나같이 나에게 이렇게 말한다. 늦출 수 있으면 늦출 수 있을 때까지 늦춰야 하는 것이 결혼이라고. 내일모레 쉰을 바라보는 나에게까지 그렇다 말한다.

근데 사람의 삶이란 것이 다 똑같지 않을까? 멀리서 보면 희극, 가까이서 보면 비극이라는 말처럼. 잘생기고 돈 많이 버는 옆집 아들이 인스타그램에 올린 사진에서는 삶의 행복만 비춰지는 것처럼.

그러던 어느 날, 이런 나에게도 문득 사랑은 찾아왔다.

빗속의 버드나무는 차가워진 한 줄기 바람에 흔들린다. 30대. 편견에 사로잡혀 세상을 쏘다니던 젊은이는 의자의 고요함을 닮은 그녀의 모습에서 등불을 발견했다. 그 불은 너무도 눈부셔 내 얼굴에 드리운 모든 것에 대한 어두움도 더는 깊어지지 않았다.

조심스러우면서도 단아하고 사려 깊은 성품이 느껴지던 눈동자, 수줍게 빛나던 연보라색 숄, 남색과 하얀색으로 곱게 짜인 블라우스를 입은, 찰랑거리는 머리 위에 아기자기한 머리핀을 꼽고 있던.

그녀를 만난 순간, 나는 비너스의 환생을 떠올렸고, 운명의 여신과의 조우였으며, 납빛 심장에 큐피드의 핑크빛 화살이 깊숙이 틀어박히는 순간이었다.

찬연했던 시간이 흐르고. 그녀는 이따금씩 비가 오는 날이면 뜬금없이 나를 버려두고 어딘가로 떠나겠다며, 차분하고 조용하게 전화기 너머로 읊조렸다. 나는 그럴 때마다 덜컹이는 심장을 부여잡고 그녀의 집 주변을 서성였다. 한사코 그녀를 기다리다, 우연찮게 골목 어귀에서 마주친 그녀에게 방금 나온 거라며 둘러대고는, 차가워진 손을 내밀어 그녀의 가방을 대신 들고서 한 걸음 앞장서 걸었다.

그리고 계획에도 없던 그 날도 비가 내렸다. 그날에 그녀는 우산을 쓰고 나를 집 앞까지 데려다주었다. 그것이 우리의 마지막은 아닐 거라, 나는 생각했다. 하지만, 그날따라 젖어 드는 빗물이 그녀의 마음에 스며들어 또 한 번 파동을 일으켰는지, 그녀는 심장을 열고서 울긋불긋 돋아난 문신 같은 상처를 내게 보여주었고, 나에게 습관처럼 이별을 내뱉었다.

　무방비한 나의 손가락이 겁먹은 그녀의 눈동자에서 흘러나오는 눈물을 더듬고서 뒤돌아선다. 그녀는 울부짖다 놀라고, 황망한 목소리로 나에게 '진심이 아니다.' 구원을 청했지만, 수많은 날 동안 내 마음대로 해석한 그녀의 목소리 때문에, 그것은 사랑의 증거가 아니라고 잘라 말하며 뒤돌아섰다.

　밤이었는지 새벽이었는지, 아무튼 흐린 구름이 걷히고, 부지런한 태양이 지난날의 흔적을 고스란히 드러내기 전. 서툴게 짐작한 이별로 인해 나는 엉망진창이 되어 버렸고, 빗물 섞인, 자조 섞인 울음을 내뱉으며 멀어져간 그 자리를 맴돌며 한동안 머뭇거렸다.

　시간은 넘치도록 많은데, 집으로 어서 돌아오라고 재촉하는 사람도 없는데, 꽃가지를 조용조용 흔들고 있는 아카시아는 저리도 아름다운데, 공기 속에 흩날리는 아카시아 향기는 참을 수 없을 만큼 은은하고 포근하기만 한데…

　그날에 내 곁에 남아 있는 것이라고는 맥이 빠질 정도로 탁 트인 풍경뿐이었다. 한여름의 장마가 조금 이르게 왔었던 그때에, 홀로 남겨졌다 생각한 나는 지금도 그날의 매일을 반복한다. 눈이 빛을 잃고, 다리가 말을 듣지 않을 때까지 계속해서 반복한다.

오늘 같은 촉촉한 날씨는 그녀와의 마지막을 떠올리게 한다. 맞춰 놓은 알람이 울린 지 벌써 10분이 지났다. 침대에 파묻혀 눈을 가늘게 뜨고 4분 단위로 핸드폰을 쳐다본다. 창문에 토독거리며 튀어 오르는 빗방울이 부잡스럽기도 하고, 창틈으로 새어 들어오며 슝슝거리는 바람 소리가 거슬리기도 하다. 아랫집에서 풍기는 빵 굽는 냄새, 옆집에서 들리는 화장실 물 내리는 소리, 누군가 클락션을 누르며 도로를 질주하는 소리도 또렷이 감지된다.

몸을 일으켜 샤워를 하고, 모닝커피를 챙겨 마시고, 컴퓨터 앞에 앉아 글을 쓰는 상상을 한다. 무슨 양말을 신을지, 면도를 할지 말지 망설이기도 해본다. 오늘은 무슨 예약이 있고, 어떤 글을 써야 하는지도 생각한다.

상상은 흐르고 흐르다, 종국에는 하루를 끝마치고 다시금 포근한 잠에 빠져들 바로 이 자리, 침대 속으로 몸을 침잠시키는 밤까지 그려보기도 한다. 이불을 뒤집어쓰고 핸드폰을 쳐다보면서 이런저런 망상들로 하루를 몽땅 그리는 아침. 그렇게 알람이 울리고 한참이 더 지난, 더 이상 머물러 있을 명분이 없어진 나는, 어쨌든 이곳을 나가야 그녀를 만날지도 모른다는 생각에 움츠렸던 몸을 느리게 일으켰다.

커튼을 걷고, 창문을 열고, 정수기로 향한다. 물 한 잔 벌컥이고, 씻고, 머리단장을 마친다. 그리고는 신발장 가장 깊숙이 넣어둔 우산을 꺼낸다. 이제는 온전히 그녀를 느낄 시간. 그녀를 만났을 때 신었던 신발을 꺼낸다. 나는 퀭한 눈으로 문을 열고 집을 나선다.

길 위로 축축함이 세차게 떨어진다. 별똥별이 떨어지는 것처럼 빗방울이 하늘에서 떨어진다. 은행잎이 소복하게 들어찬 동그란 물웅덩이 위로, 달빛을 품은 물방울이 쏟아진다. 화가 날 정도로 슬픔에 잠기기 충분한 깊은 가을, 올곧은 빗줄기는 계속해서 바닥을 두드리고, 웅성거리는 물의 웅덩이를 만든다.

빗물이 쌓인다. 그 위로 거친 발길이 쏟아진다. 화가 나면 물을 때리라던가? 내리꽂히는 발걸음에 노란 은행잎이 물웅덩이 안에서 헤엄치듯 이리저리 흔들린다. 폭우에 갇힌 산의 헐떡이는 숨결이 밀려온다. 몸의 리듬에 맞춰 나는 걸음을 옮긴다. 부드럽고, 침착하고, 가볍게, 물고기가 바다를 떠나 강물을 거슬러 올라가듯, 흘러가듯, 걸어간다. 빗물이 나뭇잎을 거세게 핥는다.

어느덧 창문에 먹빛이 가시자 건너편에서 새소리가 들려온다. 오늘도 나는 무미건조한 시선으로 비스듬하게 기울어진 사람과 풍경 사이의 언저리를 무심하게 바라보며, 이 전에 뱉어낸 말들을 주섬주섬 떠올렸다. 그리고는 어제의 내가 버렸던 글들을 하나둘 긁어모은다. 핸드폰 메모장에 적혀 있는 미흡하고 어리숙한 글들도 이제는 더 이상 함부로 지우지 않겠다. 다짐한다. 하나도 지우지 않고 내 머릿속 깊숙이 밀어 넣으며, 버리지 않으면 쓰레기가 아니라 생각한다. 그러한 것들이 모여 세상에 존재하지 않았던 무언가를 발현시킬 수도 있으니까.

언제나 세상에 존재하지 않았던 무언가를 발현시키는 순간은 매혹적이다. 예를 들어 하나의 감정, 불현듯 솟아오르는 불길 같은 마음이나, 흘러가는 느낌이 심장에 물길을 만들며 아로새길 때. 혹은 무수한 시간의 겹이 층층이 쌓여 아름다운 어떠한 무늬처럼 완결될 때, 나의 생에 촘촘하게 틀어박혀 있는 결핍이나 슬픔 같은 것들이 춤이나 노래, 글이나 그림으로 모습을 드러낼 때...

그래서 나는 오늘을 췄다. 그래서 나는 오늘을 썼다. 그래서 나는 오늘을 노래했다.

순천만

　새벽에 내린 가을비 덕분에 순천의 찬란했던 모든 색들이 씻겨 내려간 탓일까? 벌써부터 순천의 가을이 사라져 간다. 길게 늘어뜨린 습습함들을 치렁치렁 몰고 다니던 여름이 사라진 것도 엊그제 같은데, 곧바로 겨울이 들이닥쳐오는 것 같다.
　하루아침에 기온이 뚝 떨어져 제법 쌀쌀한 바람이 옷깃을 넘나드는 일요일 이른 오후. 매장을 방문하는 손님도 없다. 아니 사라졌다. 이미 없는 손님은 그렇다 치고, 사라져 가는 가을의 흔적이나마 더듬어 보고자 길을 나선다.

　오랜만에 트렌치코트를 꺼내 입고, 카메라 끈도 단단하게 조였다. 다행히 창밖을 내다보며 으레 짐작했던 것보다 날씨가 훨씬 더 좋다. 덥지도, 춥지도 않으니 오늘이야말로 걷기에 딱 알맞은 날씨렷다.

　텅 비어있는 나의 매장과는 대조되게 거리는 북적이는 사람들로 가득 차 있다. 부서질 듯한 목재상 옆으로 쓰러질 듯 위태롭게 쌓여 있는 나무판자들. 그 너머 포목점 입구는 빛바랜 줄무늬 천들이 펄럭이며 행인들에게 어서

오라 손짓한다. 햇빛을 막기 위해 길을 따라 길게 널어놓은 파란 비닐 시트도 바람에 휘말려 구름과 치덕거린다. 좁고 울퉁불퉁한 시장길에는 잡다한 노점이 줄지어 늘어서 있고, 울퉁불퉁한 바닥에 불만을 품은 초록색 나일론 끈도 공중에 매달린 거미줄에 얽히고설키며 바람에 나부끼고 있다.

멈춰 서서 매대에 깔린 물건을 구경하는 수많은 사람들, 발걸음 멈칫하는 모습이라도 보이면 매장 안에서 급하게 나와 웃음 짓는 상인들. 그 가격에는 안 된다며 손사래 치다가도, 멀어지려는 분위기만 풍기면 자기네 물건이 이 시장에서 가장 싸고 좋다 말하며 너스레 떨고는, 서둘러 검은 비닐봉지에 물건들을 쑤셔 담는다. 그 모습에 옅게 웃음 지으며 가로등과 건물 사이, 천으로 된 긴 차양이 드리워져 있는 길을 계속해서 걷는다.

조금 더 걸으니 사과, 배, 수박, 딸기, 귤 등등 갖가지 과일들이 놓여있는 골목이 나온다. 누런 박스위에 삐툴빼툴하게 검은색 매직으로 꾹꾹 눌러쓴 가격표가 더욱 정겹다. 그 와중, 납작한 종이 박스에 담긴 감들이 눈에 들어온다. 바닥에 흐드러지게 널브러져 있는 감을 한입 크게 베어 물면, 입 안 가득 달달함이 차오를 것도 같다. 쌓여있는 감을 멍하니 바라보다 손을 뻗어 한입 크게 베어 물고서, 아무렇지 않다는 듯 입가에 흐르는 과즙을 쓰윽 닦았다. 흡족한 미소를 지으며 나는 계속해서 길을 걷는다.

오늘의 거리는 비닐 시트가 바람에 부대끼며 질러대는 날카로운 비명 소리로, 휴대용 라디오에서 나오는 이름 모를 트로트 가수의 구성진 노랫가락으로 풍성하게 채워져 있다. 역시, 이런 게 시장이지.

북적북적한 시장을 지나, 버스 정류장에서 버스를 기다린다. 오늘 가는 곳은 버스를 타고 가야 제 맛. 다만 나를 목적지까지 데려다줄 66번 버스는 오지 않고, 나는 정류장에 서서 도로를 누비는 차들을 하나둘 세어본다. 파란색 포터와 흰색 소나타, 노란색 관광 택시도 지나간다. 은색, 검은색. 간간히 붉은색도 보인다. 거리에 차는 많은데, 내 차는 어디에 주차되어 있는 걸까? 또 하나의 새로운 궁금증이 생겨난 지금이다.

　일요일 오후, 시장에 있는 버스정류장은 누가 원하지 않고, 의도하지 않아도 저절로 사랑방으로 변했다. 버스를 기다리는 사람들은 서둘러 버스에 오르지 않고 심심한 담소를, 짬짬한 여유를 즐긴다. 어떤 이는 처음 보는 노인의 건강에 대한 안부를 묻는다. 전날 과음을 했다며 허공을 보고 음료수를 연신 들이켜는 아저씨는 누구에게 말을 걸고 있는 것일까? 혀를 끌끌 차며 집으로 향하는 아내에게 왜 지갑을 놓고 왔느냐 소리치는 중년 아저씨, 약간 상기된 표정으로 아이들을 학교에 보낸 후 백화점 세일 상품을 사러 간다는 아주머니, 무거운 장바구니를 들고 있는 엄마의 손가락을 잡고서 멍하니 서 있는 꼬마 아이, 그리고 그 아이와 눈을 마주치는 나. 딱히 부산함을 즐기지 않은 나는 택시에 몸을 실을까 잠시 고민하다, 그래도 버스가 싸고 재밌지. 하고 고개를 끄덕이고서 지팡이를 짚고 묵묵히 계단을 올라가시는 할머니의 짐 보따리를 대신 들쳐 매고 버스에 올랐다.

　애매한 오후 시간이라 도로가 한산하리라 생각했지만, 그것은 나의 큰 착각이었다. 사계절의 마무리 즈음, 지금의 순천은 여행하기 아주 알맞은 계절이라는 사실을 간과한 탓일까? 오늘의 목적지로 가는 도로는 자동차로 발 디딜 틈 하나 없었다. 버스 정류장에서 하나둘 헤아렸던 차들이 모조리 이곳으로 와 있는 듯도 하다. 오늘은 평소와 전혀 다른, 아주 느릿하게 움직이는 하루였다.

　나를 태우고 가다 서기를 반복하던 버스는 결국 도로 한복판에 멈춰 섰다. 나의 시선도 두리번거림을 멈추고 멍하니 창밖을 바라본다. 쌓아 놓은 돈에도 이자가 붙듯, 느리게 가는 시간에도 이자가 붙으면 어떨까? 상상한다. 움직이지 않는 버스의 속도 안에서 바람에 실린 풍경의 속도도 가늠해 본다. 익숙한 길, 눈앞이 흐릿해지고 색다른 망상에 빠져든다. 철학자 헤라클

레이토스는 말했다. '같은 강물에 두 번 발을 담글 수 없다'고. 내 눈앞에 펼쳐져 있는 풍경들은 분명 이 전과 다른 풍경이지만, 내 눈에는 꼭 같은 풍경이 반복되는 것 같다. 물론 오해이고, 착각이며, 기분 탓이겠지. 생각하며 씨익 웃는다.

멈춰 있던 버스가 다시금 도로 위를 열심히 달린다. 부지런한 농사꾼의 손길 덕분에 초록빛 가득했던 논은 어느새 황금빛으로 물들었고, 버스는 이제 멈추지 않고 빼곡한 회양목 사이를 빠르게 가로지른다.

어느덧 창문에 순천만 국가정원과 오천지구가 비친다. 순천에서 가장 살기 좋은 곳 중 하나인 오천지구. 이 전에는, 멀쩡한 논밭 위에 아파트 단지를 짓는다는 소리에 많은 사람들은 의구심을 자아냈고, 수군거리며 분명 잘 되지 않을 것이라 말했다. 그러나 커다란 상가들과 호수공원이 들어서고, 많은 식당과 카페들이 자리를 잡고 난 이후로, 이곳은 순천의 또 다른 핫플레이스이자 가장 살기 좋은 장소로 변했다. 그만큼 집값도 올랐다. 나도 그때 아파트 청약 신청을 했었으면 어땠을까? 생각하는 중, 버스는 순천만 국가정원 버스정류장에 멈춰 섰고, 많은 사람들이 버스에 타고 내린다.

멍하니 창밖을 바라보고 앉아 있다가 습관처럼 시선을 두리번거린다. 언제 탔는지는 잘 모르겠으나, 건너편 옆자리에 앉아있는 그녀가 눈에 들어온다. 엄밀히 말하면 그녀가 아니라, 그녀가 읽고 있는 책에 시선이 꽂힌다. '그곳에 두고 온 두루마기 생각난다.' 아주 재미있는 여행 에세이다. 페이지로 보아하니 포르투갈 편이다. 가슴이 뛴다. 왜냐고? 이제 몇 페이지만 더 넘겼을 때 그녀의 반응이 몹시도 궁금하기 때문이다. 그녀가 미소를 지을까? 아니면 무표정을 유지할까. 왜냐고? 그 부분이 몹시도 재미있기 때문이다. 만일 그녀가 웃는다면 그녀에게 다가가 내가 그 책의 저자라는 사실을 밝혀야 할까? 그녀가 가려는 목적지가 어딘지는 모르겠으나, 그녀와 함께 버스에서 내려 커피라도 한잔하며 책에 대한 이야기를 나눠야 할까? 따위의 이런저런 상상을 하던 찰나, 그녀가 웃는다. 창 너머로 스며드는 햇살보다 뽀얗게 웃는다. 확실하다. 이것은 운명이다. 그녀의 환한 미소가 내 공허한 가슴 깊숙이 저며 든다. 심호흡 두어 번 들이키고서 용기를 내어 그녀에게 다가갔다.

"안녕하세요, 그 책 재밌으신가요?"
"네?"
"제가 박건아 입니다."
천사와 같았던 그녀의 얼굴이 한껏 찌푸려진다.
"어디까지 가세...."

그녀가 떠나간다. 보면 안 될 것이라도 봤는지, 뒤를 돌아보지도 않고 신경질적으로 부저를 누른다. 내 눈가도 두려움에 파르르 떨려온다. 버스가 다음 정류장에 도착하지도 않았지만, 그녀는 의자에서 일어나 내리는 문 앞으로 쏘아진다. 그녀가 서둘러 일어선 자리에, 이르지 못한 누군가의 아쉬움이 의자 아래에 떨어진 채로 나뒹굴고 있다. 나는 또 한 번 깨닫는다. 독자는 작가가 누군지 관심이 없고, 내 나이가 내일모레 쉰이라는 사실을.

창문을 반쯤 열어 놓았었는데, 어느 순간 신선한 공기가 스며든다. 코끝에 달라붙은 바람의 결이 다르다. 냄새도 다르다. 이 전보다 훨씬 가볍다. 이제야 오늘의 목적지가 가까워진 듯하다.

 우리나라 최대의 갈대 군락지이자 세계적인 희귀조류 서식지라 불리며, 순천 시내를 흐르는 동천과 상내면에서 흘러 온 이사천이 만나 바다로 흘러들기까지 약 3km에 이르는 물길 양편으로 빽빽한 갈대 군락이 50ha에 걸쳐 펼쳐져 있는, 김승옥 선생님의 소설 무진기행에서 가상의 도시로 그려진 무진의 배경이라고 알려져 있는, 그 이름도 유명한 순천만 갈대밭이 오늘의 최종 목적지다.

 순천만 갈대밭은 대대동 선착장을 중심으로 가장 넓은 갈대 군락이 펼쳐져 있으며, 해룡면의 와온마을에서는 갈대밭을 물들이는 아름다운 낙조를 감상할 수 있다. 더군다나 이곳 순천만은 생태 공원이 조성되어 있고 멋진 갈대밭 위로 나무 데크로 된 산책로가 만들어져 있어 물길과 닿는 지점까지 걸으며 갈대밭의 속살을 들여다볼 수 있고, 생태공원과 순천만을 왕복하는 탐사선을 타면 사람의 발길이 닿지 않는 지역까지 감상하며 그 안에 서식하고 있는 생물을 관찰할 수도 있다고 하는데, 나는 순천에서 나고 자란 순천. 서울 사람이 롯데타워 전망대에 가지 않는 것처럼, 나 또한 탐사선은 타보지 않았다. 근데 내가 롯데타워 전망대에 가본 건 안 비밀.

 정호승 선생님의 시 <선암사>의 한 구절을 빌려 사람들은 이렇게 말한다. '눈물이 나면 가을 순천에 가라.'
 나의 하루는 그랬다. 한숨 쉴 시간은 많았고, 한 쉼 할 시간은 턱없이 모자랐다. 닥쳐든 현실 덕분에 생각의 여유 또한 생길 수 없었다. 홀로 머물며, 숨이 턱턱 막히는, 숨 쉴 틈 없는 매장에서 차오르는 답답함에 매일동안 눈물을 훔쳤다. 그럴 때마다, 핸드폰에 찍혀있는 순천만의 사진을 바라보고 있자면, 공황에 빠진 듯 가파오르던 숨도 서서히 잦아들곤 했다.

 사진 속으로 갈대를 스쳤던 바람이 차오른다. 하루 종일 멍하니 바라만 보아도 지루하지 않을 갈대의 모습이 선연하게 떠오른다. 눈 돌릴 곳도, 딱히 시선을 한곳에 집중할 필요도 없었다. 단지, 묵묵한 침묵으로 멍하니 휩쓸려 바라만 보아도 좋았으니.

 가을의 그리움 진득하게 머금은 가을의 향기가, 내가 앉아 있는 버스의 한 켠을 가득 채운다. 불꽃을 품은 듯 주위에서 어른거리는 갈대의 기운에 나는 순간 긴장했지만, 아마 괜찮지 않을까? 라고 나를 다독이며 자리에서 일어섰다. 멈칫하는 버스 덕분에 약간 비틀거렸으나, 곧바로 균형을 잡고서 척추를 곧게 펴고 뒷문으로 향했다. 코트의 단추를 하나 더 채워야 하나? 말아야 하나? 고민하려는 찰나, 문을 닫으려는 버스 덕분에 서둘러 버스에서 뛰어내렸다.

 늦가을, 중력을 벗어난 것처럼 대기는 높고 투명했다. 나는 매표소에 들러 표를 사고 발걸음을 옮기어 갈대밭을 향해 걷는다. 입구를 통과하고, 넓은 잔디밭이 펼쳐져 있는 생태 공원을 지난다. 저 멀리 어렴풋한 무언가가 비친다. 긴장되는 심장을 부여잡고, 나는 계속해서 길을 걸었다.

　다리 건너 갈대밭 사이를 헤집으며 구불구불 이어져 있는 물길, 그 아래 질퍽거리는 개펄 위로 무리 지어 미끄러져 가는 망둥이와 칠게들. 거칠다가도 부드럽게 밀려오는 바람을 타고, 잔잔한 물결처럼 써걱거리며 갈대가 흔들린다. 저 너머에 물억새, 쑥부쟁이도 모둠 지어 피어 있고, 빠알간 칠면초 군락지도 보인다. 나는 가만히 손을 들어 허공을 움켜쥐어 본다. 몇몇 모기들이 내 팔뚝에 달라붙으려고 하지만, 하늘을 수놓은 잠자리 떼에 순식간에 잡아먹힌다.

　나는 눈을 감고, 두 손으로 귀를 모으고, 사라져가는 가을의 소리를 느낀다. 바스락거리는 바람의 소리, 작은 물고기가 움직이며 첨벙거리는 소리, 지저귀는 새들, 반쯤 물에 잠긴 채로 갈대에 뒤덮여 있는 배의 표면에서 물이 쓸리는 소리를...

순간 괜찮은 음악이 떠올랐는지, 나는 손가락 몇 마디를 건득거리며 기타 코드를 짚어본다. 손가락의 움직임은 손목에서부터 시작해 팔 안쪽과 가슴 언저리에 닿고, 목을 지나 다시금 허리를 타고 내려간다. 어느새 무릎과 발가락에 다다른 리듬이 제대로 된 것인지 아닌지 신경 쓸 틈도 없다. 눅눅한 주변 공기와 흩날리는 코트 자락을 부여잡는 갈대의 손길, 거세게 몰아치는 바람 덕분에 바닷물이 튀어 오르며 내 손끝에 닿는다. 나는 천천히 자연과 동화된다.

얼마나 시간이 지났을까? 푸드덕거리며 하늘로 날아오르는 철새의 날갯짓 소리에 감고 있던 눈을 반쯤 떠본다.

부주의하고 산만한 새들의 날갯짓은 다섯 살 어린아이 같았다. 지치지도 않는지 사방을 휘젓고 다니며 곁으로 날아드는 벌레를 사냥한다. 벌레를 쪼으러 날아가는 흑두루미의 움직임이 조급한 듯 보였으나, 고절한 기품 또한 넘쳐났다. 하늘 위에서 뭉쳤다 풀어지기를 반복하는 철새들의 움직임 또한 탄성이 절로 나오게 한다. 역시나. 장관이다. 광활한 갈대밭이다. 그 위로 초상비를 펼치는 듯, 나무 데크길을 떠다니는 사람들의 모습 또한 몹시도 신비로움다. 눈앞으로 펼쳐지는 망망한 자연의 신비 앞에 서서 움직이지도 못한 채 한참을 머뭇거리다, 카메라를 들어 사진을 찍었다.

　먹먹한 시간들이 흐르고, 갈대밭 저편, 바다 너머에서 생각지 못한 사나운 바람이 몰아친다. 갈대는 더욱더 깊게 뿌리를 고정하며 바람을 완강히 거부하려는 듯 박혀 있지 않은 몸뚱이를 끝없이 흔들고 비틀며 형태와 색채를 다채롭게 바꿔 간다. 그 모습 또한 여전히 신비스럽고 향기롭다. 벌판을 휘감는 바람의 문양과 그토록 흥겹게 아스라이는 갈대의 모습이 어찌 이리도 경이로운지, 내가 형용할 수 있는 많은 표현을 돌이켜 봐도 지금의 시간을 어찌 설명할 도리는 없었다.

　어느덧 아찔한 태양의 붉은빛이 갈대와 나 사이의 여백으로 파고든다. 내 등 뒤로 그림자의 골은 점점 깊어지고, 선명한 햇살의 무늬와 짙어지는 음영의 대비가 불현듯 과거의 어떠한 풍경들을 불러일으킨다.

나는 순천 사람. 이곳에서 여생을 보냈고, 많은 이들과 만나고 헤어졌다. 매 순간, 까닭 없이 좋았었고, 까닭 없이 미워했으며, 울고, 웃고, 술에 취했으며 뜨겁게 달아올랐으나 이내 천천히 식어 버렸다. 이곳을 함께 왔던 몇몇 커플도 이미 오래전에 헤어졌으며, 술병을 들고 애타게 전 여자 친구의 이름을 부르짖던 친구의 주정도 아득해진다. 함께 음악을 듣고 농담을 나누던 이들 몇몇은 연락조차 멀어졌다. 오래도록 머물렀으며, 그렇게 많은 것들이 지나갔고, 이제는 모조리 떠나가 버렸다. 아련하던 나의 추억들이 붉은 석양처럼 흘러내린다. 가버리면 다시 오지 않을 그것들이 저 너머로 흘러내린다.

바다 사이 갈라진 틈새에서 진한 갈대 향이 피어나오고, 칠이 벗겨진 데크에는 세상의 그림자가 더욱더 깊게 들어앉는다. 잡스러운 기억들은 가벼운 모래사막에 발을 내딛는 순간 온데간데없이 사라져 버리는 발자국처럼 잊힌 지 오래. 갯벌에 박혀 있는 바위의 윤곽이 저물어 가는 황혼에 더욱더 또렷해진다. 굽이치며 바닷속으로 기울어지듯 스며드는 낙조. 휘어진 갈대의 마디마디 빛의 살점이 떨어져 있다. 이제 새 아침이 와 시끌벅적한 새 소리가 이곳에 다시금 차오를 때까지, 무진은 긴긴 잠에 빠져들겠지.

저 멀리에 있는 그는 저무는 태양의 숨결을 받아들이며, 두 다리로 단단히 땅을 딛고, 허리를 빳빳이 세우고 가슴을 편 채로 서 있다. 그 모습이 마치 야속한 세상길을 거칠게 헤치며 달려가다, 이곳에 서서 잠시 쉬었다 가려는 모양새 같기도 하다. 그는 혼자만의 사색에 잠겨 바다를 보고, 갈대를 보고, 구름을 보고 있다. 그의 뒷모습이 무진 만큼 고요하다.

나는 사람의 뒷모습은 정직한 것이라 생각한다. 뒷모습은 꾸밀 수 있는 곳이 아니라 그저 존재하는 곳이다. 뒷모습은 눈 끝을 올리거나 입술을 한껏 잡아당겨 자신의 감정을 숨길 수 있는 곳이 아니다. 힘들면 힘든 대로, 슬프면 슬픈 대로, 자신만만하면 자신만만한 대로, 기쁘면 기쁜 대로, 있는 모습 그 자체만으로 존재하는 곳이 바로 뒷모습이다.

나 또한 담담한 그의 뒷모습을 바라보며 어제의 시간들을 갈대밭 위로 내려놓는다.

만일. 일 년에 딱 한 번 만 이곳에 와야 한다면, 갈대가 금빛으로 물들은 어제의 가을이었으면 좋겠다.

어느덧 시간은 흐르고, 오늘따라 세상에서 가장 넓은 줄만 알았던 당신의 뒷모습이 어느새 누구보다 작아져 보입니다. 나는 멀어지는 그 모습이나마 놓치지 않으려 서둘러 달음박질쳤습니다. 당신은 알까요? 자그마하게 변해지는 당신의 뒷모습을 볼 적에 내가 무슨 표정을 짓고 있었는지? 그때에는 당신을 놓치지 않으려 내 어깨에 거치적거리며 걸려 있는 카메라마저 내팽개치고 급하게 달음박질쳤습니다. 허나, 야속한 당신은 멈추지 않고, 뒤도 돌아보지도 않고 아지랑이처럼 홀연하게 달아나 버렸습니다.

그때만 생각하면 저는 지금도 몹시도 억울합니다. 버스 출발 예정 시간에서 1분밖에 늦지 않았거든요. 무정한 66번 버스, 나의 당신이여.

나는 이곳 순천만 버스정류장에 홀로 남겨진 채로, 당신이 나에게 다시 돌아오기를 기다리겠습니다. 버스 정류장에 걸려 있는 거울에 비친 나의 뒷모습이 오늘따라 왜 그리도 처량하고, 측은하고, 초라하게만 비쳐지는지, 그 모습이 나를 얼마나 서글프게 했는지, 당신은 모를 것입니다.

당신을 기다리며 노란색 편의점에 들러 달지 않은 커피를 샀습니다. 나는 개인주의에 절여진 젊은이. 커피나 천천히 마시면서 핸드폰이나 들여다보고, 무의미한 침묵의 시간이나 즐기며 당신이 돌아오기를 기다리겠습니다.

금산마을 까막골

　순천시 낙안면 금산리 금산마을은 과거에 '까막골'이라고 불렸다. 이곳은 숯과 질그릇을 굽던 가마가 많아서 '가마골'이라 불리던 것이 '까막골'로 바뀌었다. 라고 전해진다. 이 마을에는 한 가지 특이한 점이 있었는데, 까막골은 다른 마을에 비해서 유독 많은 과부들이 살고 있었다. 그리 많은 사람들이 살지 않은 산골짜기 자그마한 마을에 불과한 까막골이었지만, 그곳에 터를 잡아 살고 있는 과부들의 숫자는 무려 아홉 명. 많은 이들이 제각기 애달프고 구슬픈 사연들로 하루하루를 연명하고 버티며 살고 있었지만, 그들 중 특별히도 사람들의 입방아에 오르내리던 여인이 있었으니...

　그 여인의 자태는 해당화를 연상케 했다. 옅은 분홍빛이 맴도는 뽀얀 여인의 얼굴에는 잡티 하나 없었고, 수심 가득해 보이는 눈망울은 언제나 물기로 촉촉하게 적셔져 있다. 날씬하게 휘어진 수양버들 같은 눈썹, 높은 콧마루에 살짝 앙다문 입술을 가진 여인은, 마을 사람뿐만이 아니라 그 누가 보더라도 절세 미인이라 칭할 정도로 미모가 뛰어났다.

세상 모든 것도 부럽지 않을 것 같던 여인에게 안타까운 점이 딱 하나 있다면, 여인이 까막골로 시집을 온 지 불과 한 해도 넘지 못한 시점에 남편과 사별을 한 것뿐이었다. 그 뒤 또 다른 기회로 새로운 사람을 만나 재혼을 했지만, 이 무슨 운명의 장난일까? 새로 만난 남편 또한 얼마 지나지 않아 세상을 떠나고 말았다.

　그 후, 그 여인은 고향으로도 돌아가지 못하고 마을에 홀로 살 게 되었는데, 여인의 모습을 한 번이라도 봤을 동네 남자들은 홀로 지내는 그 여인에게 환심을 사기 위해 먹을거리나 장작들을 가져다주었고, 말 한마디라도 붙여보려 안달이 나 있었다.
　그런 남정네들의 행동이 동네 여인들에게는 썩 보기 좋은 모습은 아니었으리라. 그러한 연유로 마을 여인들은 그 여인에게 이런저런 문제가 있다며 수군거리고, 음해하고, 험담하고, 멸시하며 은근슬쩍 괴롭히는 경지에 이르게 되었고, 여인은 남편도 없고, 말벗도 없이 홀로 외롭게 살아갔다.

　시간이 흐를수록 마을 사람들의 괴롭힘은 날로 심해졌다. 여인은 그 모든 것들을 홀로 견뎌 왔으나 더 이상 견디지 못할 지경에 이르렀는지, 매일 밤 정화수를 떠 놓고 신령님께 빌었다. 이런 괴로움을 언제까지 견뎌야 하는지, 왜 나에게 이런 고통을 주는지. 눈을 뜨고 감는 순간까지 빌고 또 빌다 지쳐 잠이 들었다.

　그러던 어느 날, 마을의 산신령이 여인의 꿈에 나타나 이르기를. 그 여인이 전생에 구미호였고, 그때 지은 죄가 크고 많아 그 업보로 현생의 남편들이 죽는다고 이야기하는 게 아닌가? 그 후 잠에서 깬 여인은 몇 날 며칠을 시름시름 앓다, 현생에는 더 이상 사랑하는 누군가를 만날 수 없다는 사실을 깨닫고, 체념하듯 한탄하며 결국 자신의 손으로 세상을 떠나게 되었다.

4월 21일

  그때가 생각납니다. 남쪽에서 불어오는 간드러지는 바람에 호롱불이 일렁이고, 연못 물 위로 연잎이 어수선하게 피어있었지요. 그날에 당신은 나의 손을 잡고 함께 별을 보지 않겠느냐 물었습니다. 저 역시도 당신의 물음에 거절할 이유도 없었구요. 그 순간, 당신의 목소리를 제외하고는 제 마음을 뒤흔들어 놓을 수 있는 것은 아무것도 없을 것이라는 확신이 들었답니다. 당신과 내가 발맞추어 걷고, 눈빛이 마주치며 둔탁한 소리를 내었을 때, 그것을 행복이라 확신했었답니다. 당신이라면 나를 데리고 행복을 찾아 먼 곳으로 떠날 자격이 있다 말이지요.

  잠시의 헤어짐에도 나는 당신을 기다렸고, 나와 약속한 기일이 넘어가기도 전에 혹여나 내가 기다릴까 헐레벌떡 뛰어와서는 차가워진 나의 손을 꼬옥 붙잡고 당신의 따뜻한 온기로 녹여 주었습니다. 깊은숨을 헐떡거리던 당신의 호흡이 채 온전히 돌아오기 전에, 당신은 나의 손을 당기며 서둘러 우리가 머물러야 할 그곳으로 나를 이끌었답니다.

  당신과의 만남은 화려하게 불타오르는 노을이었나 봅니다. 아니, 진한 분홍빛이라 말하겠습니다. 이제는 그 사이에서 청량하게 머물던 당신은 어딘가로 떠나가고, 우리의 집에도 강도처럼 어둠이 찾아왔습니다. 그곳에 홀로 있기 싫어, 오늘도 나 홀로 마음 내키는 대로 산길을 걸었습니다. 그러다 까막골과 우리의 집 어름에 덧없이 멈춰섭니다.

 기약 없이 단절된 우리의 인연을 어떻게 하며 다시 이을 수 있을까? 의미 없이 고민하다, 오늘도 이 자리에 마음의 닻을 내려놓습니다. 그리고 당신을 생각합니다. 이제 당신이 어디에 있는지 알 수 없지만, 그저 이곳에 서서 아무 말이나 하며, 당신을 향한 그리움 섞인 제 목소리를 전달하고 싶습니다.

6월 14일

 오늘은 산에 다녀왔습니다. 산에 다녀온 날은 머리를 감아도 하루 웬 종일 당신을 닮은 풀냄새가 납니다. 별다른 생각 없이 떠난 산행이었으나, 마음이 이끄는 대로 산자락을 걸었습니다. 당신을 흠모하며 나를 시샘하던 마을 여인들의 묘한 표정이 눈을 감아도 생생하게 남아 있습니다. 그 시선을 피해 산에 가면, 예쁘게 피어 있는 이름 모를 꽃들부터, 초록 달팽이, 여러 나무가 나에게 전해주는 이야기를 당신과 함께 조곤조곤 나눌 수 있어 좋습니다.

 내가 먼저 땅을 힘차게 박차고 나아가며 바닥에 내려앉아 있는 나뭇잎들을 자박자박 밟을 때, 당신과는 멀리 떨어져 있지만 어렴풋하게나마 함께 하고 있다는 느낌이 듭니다. 산기슭을 헤매일 때도, 나무들 사이로 어지러운 푸른 하늘이 비추일 때도, 고개를 들면 당신이 어디에선가 나를 지켜보고 있다는 느낌이 듭니다. 저 멀리서 나를 지켜주지 못하는 답답함에 숨 막혀 할 당신의 아픔도 느낍니다.

이따금 새벽에 피어나 맞은편 능선에 걸려 있는 안개를 바라보며, 그 속은 얼마나 아늑해질 수 있을까 고민합니다. 지금 당신이 머무는 곳의 날씨는 어떤가요? 겨울로 접어들어 나무들의 빈 가지 사이에 하얀 안개가 채워졌나요? 당신이 덮고 있는 안개는 차가운가요?

　이런저런 의문들도 태양이 떠오르면, 당신과 함께했던 시간처럼, 오늘의 안개처럼 허망하게 사라집니다. 나에게 위안이 될 수 없는 물 알갱이에 불과하지만, 나는 오늘도 당신을 덮고 있는 안개를 그리워합니다.

　덧없이 흘러만 가는 시간이기에, 나의 남은 생의 수레바퀴가 점점 더 빨리 돌아갔으면 좋겠습니다. 서둘러 당신 곁에서 편안해지고 싶습니다. 그곳에서 나는 당신과 만날 수 있을까요?

9월 25일

　오늘은 처마 밑에 매달려 밤새 덩그렁 거리며 당신이 없는 적막을 깨뜨리는 풍경 소리 덕분에 눈을 떴습니다. 하룻밤 사이 안뜰에 고요하고 깊은 적막이 두 가마니쯤 쌓일 무렵, 담 너머에도 물들고 죽어든 단풍잎이 한 가마니 즈음 쌓였습니다. 당신과 내가 뿌리 깊은 두 그루 나무처럼 같은 곳을 바라보며 나란히 바람에 흔들리었던, 모진 햇살에도 넉넉한 그늘 한 자락 드리우며 함께 머물렀던 그 날이 떠오릅니다.

　눈을 뜬 지 얼마 되지 않았지만, 어느새 바깥세상은 칠흑 같은 어둠이 마을 어귀까지 빼곡히 들어서서 한 치 앞을 분간하기 어려울 지경입니다.

당신과 쏟아지는 비를 피해 찾아 들어갔던 짧은 처마 아래에서, 닿을 듯 말 듯 아슬아슬하게 등을 붙이고 마주 서 있던 여름의 한편을 나는 기억합니다. 그때에 당신의 숨소리에 내가 얼마나 아파했는지 당신은 알지 못합니다. 깊은숨을 내쉬며 괜찮다 말하는 당신의 표정에서 고통을 읽었고, 아프지 않다 말하는 당신의 목소리에서 가까운 죽음을 예감했습니다. 당신과 함께 눈을 뜨는 하루가 얼마 남지 않았음에, 나의 체념은 바닥에 떨어져 여기 저기 낮은 곳을 향해 흘러 들어가는 빗물과 같았고, 빗물이 할퀴고 지나간 깊은 골은 날로 나의 설움을 짙어지게 만들었습니다. 그날에 고로쇠나무는 노랗게 내리는 비를 맞으며 서 있었고, 강도 바다도, 꽃잎과 기러기들도 모두 쓸쓸해 하며 울었나 봅니다.

오늘도 버릇처럼 하늘을 올려다봅니다. 무리 지어 피어 있는 달빛 별꽃들이 너무도 찬란하여 눈이 시릴 지경입니다. 한숨마저 멎어 버린 고요한 이 밤. 당신의 갸르릉 거리는 숨소리 없이 잠들어야 하는 오늘에도, 처마 밑 녹슬어 있는 풍경은 찰카당거리는 소리를 고요 속에 퍼뜨리며 한가로이 울음 짓겠지요.

11월 2일

창틈 사이로 갑작스레 밀려드는 한 줄기 바람에도 슬픔이 밀려옵니다. 흐르는 강물에 내 눈물도 흐르고, 빗물에 적셔 보아도 메말라 윤기 없는 내 피부가 아려옵니다. 지나간 어제의 시간들을 오늘도 돌이켜 보지만, 어떤 것 하나 아름답지 않은 기억이 없습니다.

매일 빈 터에 나가 국화꽃 한 아름씩 꺾어 들고서, 자정 무렵에나마 되돌아와 호롱불 앞에서 당신을 쓰며 밤을 지새우곤 합니다.

신이 나에게 내려주신 제일의 선물이 당신이라 말하지는 않겠습니다. 다만 당신을 내 인생의 동반자로 삼은 것만큼은 내 인생에서 제일의 선택이었다 감히 이야기 할 수 있습니다.
언제나 바람처럼 내게 달려와 구름처럼 나를 안아주고, 보듬어 주었던 당신. 별들을 보고 기뻐하며 꽃들을 보고 웃음 짓던, 나를 보고 꽃으로 여기고, 나를 보고 잎으로 여기었던 당신. 내 마음에 가득 차고 넘칠 정도로 맑게 웃음 짓던 당신.

당신이 저 멀리로 떠난 그 날. 나는 헛것이 되었습니다. 몸은 있으나 영혼이 없는 헛것.

12월 32일
어제는 거세게 봄이 내렸다가, 오늘은 은근히 겨울이 불어옵니다. 딱히 글을 익힌 적이 없어 언어의 폭이 좁을 수는 있겠으나, 제 생각의 폭까지 좁지는 않습니다. 매일 꾸지는 않지만, 어떤 날은 잊고 살다가도, 무언가 불편하거나 우울한 마음에 젖게 될 때 즈음엔 당신 꿈을 꿉니다. 꿈속에서 당신과 함께 거닐던 발걸음들을 곰곰이 헤아리다, 당신의 얼굴에 깊어진 주름들을 하나둘 헤아리다 눈을 뜹니다.

새벽녘에 일어나 하염없이 멀기만 해 보이는 능선, 그 자락 너머 어딘가에 빛나고 있을 새벽별을 찾아봅니다. 어떤 날 당신은 나에게 물었지요, 살아오면서 가장 행복했던 때가 언제였냐고. 나는 손을 들어 입을 가리고는 소녀처럼 웃었지요. 질문의 의도가 너무 뻔하게 느껴졌던 탓이었을까요? 물론 나는 그때에 당신에게 어떠한 답도 하지 않았습니다. 그러면서 나 또한 궁금해지기 시작했습니다. 당신은 살면서, 살아오면서, 살아가면서 어떠한 순간이 가장 행복했을까? 우리가 함께했던 순간들 중 어느 한순간이라도 꼽으실까.

어떤 날 우리는 함께 빗방울이 바다에 떨어지는 모습을 오랫동안 바라보았지요. 무수한 방울들이 순식간에 바다로 스며들고는, 얼룩조차 남지 않고 사라지는 모습은 한편으로 장엄하기도, 때론 슬프게도 느껴졌습니다. 그때에 저의 심장 소리가 빗소리에 공명하며 당신께도 전해졌던가요? 사방이 자욱했던 그 날이 오늘도 선명하게 느껴집니다,

당신도 나로 인해 한해하고도 몇 달이 행복했습니까? 당신과 지냈던 순간들, 당신과 함께했던 기억들. 당신의 나의 손을 잡아 주는 것만으로도 나의 마음은 파란처럼 부풀었고, 저 멀리서 나를 향해 걸어오는 발걸음만으로도 내 영혼은 한없이 요동쳤던 순간이 떠오릅니다.

당신과 함께였을 때는 기울어진 처마 밑이라도 기대어 쉴 수 있는 안식처였고, 당신과 내가 머물렀던 순간이 세상의 중심이었습니다. 동쪽에서 불어오는 바람 한 점마저, 좁은 사랑방으로 밀려들던 아침 햇살도, 바닷가로 떼 지어 몰려가던 붉은 노을도, 당신이 있기에 아름다웠고, 당신이 없기에 가슴 아렸습니다. 그때 그 시절 나의 생은 어떠한 것들보다 빛나는 무엇이었습니다.

하지만, 이제는 모든 것들도 희미해져 가는 것 같습니다. 애써 기억하려 했던 것들마저 눅눅한 어둠 속으로 걸어 들어가는 것이, 당신에게 한없이 미안하고 쑥스럽습니다.

어느덧, 가늘던 눈발이 조금씩 굵게 내리기 시작합니다. 사람이 진정으로 죽는 것은 누군가의 기억에서 잊혀 질 때라 말합니다. 오늘은 눈이 내리지만, 마당 위에 어떤 것도 쌓이지는 않습니다. 포개어지지 않고, 모여들지 않는 눈처럼. 제 기억 속에 이제는 당신에 관한 어떤 기억도, 당신의 목소리와 당신의 얼굴, 당신의 미소와 표정도 고스란히 잊히는 중이라는 것이 너무도 비극적이게 다가옵니다. 그러니, 당신도, 이제 그만 나에 대한 기억을 잊으소서.

아직은 하고 싶은 말이 많으나, 이제는 잊혀진 당신을 향한 소녀의 그리운 마음 또한 긴 여백으로 남겨 넓게 비워두려 하오니, 그러니.

당신도 소녀에 대한 기억을 이만 잊으소서.

조제

 딴딴거리며 애절하게 떨리는 기타의 선율이 머리 언저리 즈음으로 차분하게 울려 퍼진다. 열기라고는 쥐뿔도 느껴지지 않는 창문만 멍하니 바라보다, 새벽보다 차갑게 식어버린 손바닥을 들어 하얗게 변한 창문 가까이 조심스레 손 맞닥뜨려본다.

 누구도 방문하지 않아 텅 비어 있는 공간, 텅 비어 있는 의자에 멍하니 홀로 앉아 그믐달보다 얇실하게 눈을 감는다. 불현듯 나뭇잎을 스치는 바람처럼 부드럽고, 물안개처럼 희미한 생각들이 피어오른다. 그 애매한 생각을 붙잡으려 그믐달보다 더욱더 얇실하게 눈을 감는다.
 막연하던 생각들은 시간이 지날수록 점점 더 흐릿해졌고, 마침내 고민의 흔적도 남기지 않은 채 머릿속에서 사라져버렸다. 사람과 사람 사이 인연처럼, 시간이 훔쳐 가버린 기억처럼.

 굳게 닫혀 있는 창문을 뚫고 공기의 맵싸한 차가움이 쾌쾌한 매연과 함께 나의 얼굴로 휘몰아친다. 겨울이었다.

동쪽에서 해가 뜨듯, 서쪽으로 해가 지듯. 별일 없이 지나가는 하루 일과처럼 낯설지 않은 아픔과 상처들이, 싫지만 숨 쉬듯 계속해서 늘어난다. 지긋지긋할 정도로 특별할 것 없는 무덤덤한 답답함들과 갖가지 감정들을, 미어터질 정도로 울분 섞인 쓰라림들을, 어떻게 하면 한숨에 모조리 실어 토해낼 수 있을까.

눈물들을 알음알음 모아두었다가 흐르는 강물에 홀연히 놓아준다면, 그 순간에는 어제의 모든 기분과 감정들까지 보이지 않는 아득하고 먼 곳으로, 붙잡을 수 없는 그 너머까지로 멀어질 수 있을까.
창밖에서 삼삼오오 몰려다니는 바람들은, 저마다 자그마한 추억 부스러기들 움켜쥐고서 비어버린 기억의 틈바구니로 쏘아져 간다. 앙상한 가지에서 밀려난 탁한 잔상들은 가루눈처럼 아스팔트 위로 무겁게 뿌리 내리며 알음알음 촘촘하게 군락을 이룬다.

미련한 만큼 미련도 많이 남는다던가? 너와 함께라면 무얼 해도 마냥 좋았던 나. 그런 나와 온종일 같이 있어 준 너에게 아무것도 준비 못 해, 아무것도 주지 못해 미안했다. 과거에 남겨 놓고 시간이 훔쳐 간 줄 알았던 기억들 덕분에, 생각 없이 잠들 수 없는 밤들은 가슴 속에 쌓여만 간다. 끝인사조차 건네지 못한 그 날이 어제처럼 더욱 선연해진다.

뜨뜻미지근하게 식어버린 머그잔을 손에 들고, 일렁이는 검은 물 한 모금 벌컥 들이킨다. 눈부시게 쨍한 햇살 한줄기 저며 들었는지, 아니면 시린 눈물방울 녹아들었는지 혓바닥 위로 굴러다니는 커피의 알갱이들이 시큼하게 그지없다. 오늘따라 커피 맛이 별로다.

 창틈 사이로 적막한 노을이 진다. 붉게 물든 낙조 속에서 해안가는 한없이 평화로워 보였다. 어느 순간 바다에는 바람 한 점 불지 않았으며 나뭇가지들도 이상하리만치 고요했다.

 회색빛 흐리멍덩함으로 가득 찬 구름 사이에서 미적지근한 눈물방울 한 무더기 후드득 떨어진다. 미련한 하늘 따위엔 아무런 미련도 없다는 듯 홀연하게 떨어지는 빗방울 너머로 유난히도 추웠던 지난겨울, 홀로 있던 어제의 계절들을 어렴풋하게 지워간다.

 모래시계 속 모래 알갱이들이 중력에 이끌리어 바닥으로 떨어지듯, 하늘에서 아름다운 것들이 세상에 내려앉는다. 빗방울의 속삭임은 들릴 듯 말 듯 잔잔한 음악들을 희고 긴 백사장 위로 새기기 시작한다. 불어오는 바람의 손놀림에 방울꽃들은 이끌리듯 발맞추고, 차분하게 부서진다. 때로는 희미하게, 때로는 강렬하게.

 창밖으로 뻗어진 손바닥 위로 고요함이 녹아 있는 비가, 그리움에 흠뻑 젖은 비가 후드득 하고 떨어진다. 내 손을 지나쳐 떨어지는 비는 땅바닥에 닿으며 조용히 고였다. 여전히 비가 오는 날이면 땅은 가만히 젖어갔다. 활짝 핀 목련꽃 같던 그녀의 눈동자에서도 슬픔이 방울져 내린다. 흐르는 슬픔이 울긋불긋한 모래사장 위로 하나 둘 쌓이기 시작한다. 점점 피어오는 노을 덕에 모래 위 쌓여있는 빗물이 죽는다. 예쁘게, 조용하게 죽는다.

와온

 동쪽으로는 전라남도 여수시 율촌면 가장리, 남서쪽으로는 고흥반도와 순천만에 인접해 있는, 순천만의 동쪽 끄트머리 해룡면 상내리에 누구나 알지만, 아무나 모르는 비밀의 바다가 있다. 해변의 길이는 약 3km, 그 맞은편에는 솔섬이라 불리는 작은 무인도도 있다. 이 섬은 학이 납작하게 엎드린 모양이라 하여 학섬이라고도 하고, 밥상을 엎어놓은 것 같다 하여 상(床) 섬이라고도 하는데, 예전에는 섬 안에 주막이 있어 뻘배(꼬막을 잡을 때 쓰는 널)를 타고 조업을 나갔던 어부들이 목을 축이고 돌아왔다고도 한다.

 오늘의 목적지는 그 이름도 유명한 와온해변. 한 번도 안 가본 사람은 있어도, 한 번만 갔다 온 사람은 없다는 와온해변은 무엇보다 낙조 풍경이 아름답기로 이름난 곳이다. 솔섬 너머로 해가 넘어가면 드넓은 개펄과 주변을 온통 황금빛으로 물들이며 장관이 연출되는데, 이 풍경을 담으려는 사진작가들의 발걸음이 언제나 끊이지 않는다.

 한번 각인되어진 첫인상이라는 것은 다시 지우거나 말소시키기가 여간 어려운 것이 아니다. 순천에서 나고 자란 나에게 있어 와온의 첫 느낌은 이랬다. 산 넘고, 물 건너, 광활한 평야를 지나, 구불구불 이어지는 국도를 넘어서라야 다다를 수 있는, 멀고도 먼, 접근하기 여간 어려운 오지 같은 느낌이었다. 랄까. 예를 든다면, 내가 서울 사람도 아니고 미사리를 가본 적도 없으나, 서울 사람들이 미사리에 대해 느끼는, 가깝지만 먼? 딱 그 정도 느낌의 거리감이지 않을까? 라고 혼자서 생각해 본다.

아무튼, 나에게 있어 와온은 가깝지만 가깝지 않은 그런 애매한 장소였다. 다만 20살 중반 무렵, 나의 몇몇 친구들은 내가 순천에 있는 조례 호수공원이나 죽도봉공원을 가는 것처럼 별스럽지 않게 와온을 왔다 갔다 한다는 말을 듣고서 깜짝 놀랐던 기억이 난다. 그때 당시에 와온을 허다하게 방문했던 친구들은 차와 여자 친구가 있었고, 나는 둘 다 없었기 때문에. 따위의 단순한 이유는 결단코 아니다.

어쨌든, 이런저런 생각들을 뒤로하고 나는 오랜만에, 평소처럼, 홀로, 와온으로 향했다. 순천에서 나고 자란 사람으로서, 열 손가락을 모두 꼽고 두어 번 즈음 더 꼽을 정도로 와온을 왔다 갔다 했었지만, 몇 번을 더 방문한다 하더라도 내비게이션 없이는 길을 찾지 못하고 헤맬 것 같은 기분이 든다. 산 넘고, 물 건너, 광활한 평야를 지나, 구불구불 이어지는 국도를 넘고, 멀고도 먼, 접근하기 여간 어려운 오지 와온이기에. 구지 사족을 덧붙이자면, 나는 길치는 아니다. 그저 와온으로 가는 길을 암기해야 할 필요성도 느끼지 못했고, 그저 내비게이션에서 흘러나오는 목소리에서 아름다운 친절함을 느꼈기 때문에. 라고 말하고 싶다.

달리는 자동차의 창문을 살짝 연다. 얕게 열린 창틈 사이로 냉랭한 바람이 왈칵하고 쏟아진다. 평소와는 다르게 오늘은 자동차의 흔적조차 없다. 반면, 구불구불 이어지는 산길 덕분에 핸들은 쉴 틈이 없다. 도로 양옆으로 길게 늘어서 있는 벚꽃나무의 앙상한 가지가 바람에 흔들리며 나에게 손 인사를 건넨다. 빠르게 달리는 자동차의 바퀴 덕분에 도로 위에 흩뿌려져 있는 갈색 낙엽들은 바삭하며 부서진다. 눈앞에 결갈래로 갈라진 길들이 나타나지만, 두렵지 않다. 내비게이션에서 흘러나오는 아리따운 목소리의 그녀가 나의 길을 안전하게 인도한다. 조금씩 높아지는 그녀의 목소리를 따라 자동차의 페달을 조금 더 깊숙이 밟는다. 우우웅 하는 소리와 함께 엔진은 박동하고, 자동차는 평지를 달리듯 빠르게 달음박질하며 비탈진 도로를 가벼이 거슬러 오른다.

이제는 나에게 있어서도, 와온은 가깝게 바람을 쐴 수 있는 공간. 이라고 인식이 바뀌기는 했지만, 점차 와온의 이름이 전국적으로 알려지고, 수많은 관광객들도 이곳을 쉬이 찾게 되었다. 그 후 정해진 절차처럼 와온은 개발되었고, 내 기억 속 순박한 오지마을이었던 와온이 변해갔다. 와온으로 가는 길목에는 반듯한 건물들이 줄줄이 들어섰고, 건물들은 둔턱을 깎아 주차장을 만들고, 은은한 조명을 밝히고, 젊음이 느껴지는 매력적인 카페로 변해갔다. 그 주위로 펜션과 리조트들 또한 우후죽순으로 들어서기 시작했다. 고즈넉했던 와온은 아침, 저녁 할 것 없이 관광객들로 북적거렸고, 머무르지 못하는 어수선한 마음들만 마을 골목 어귀를 하릴없이 맴돌고 있다.

그럼에도 이전만큼 자주는 아니지만, 오늘처럼 종종 와온을 찾는다. 주변의 많은 것들이 변하였지만, 내가 종종 와온으로 향하는 이유는 매우 단순하다.

그곳에 가면 바다가 있고, 하늘이 있다. 때가 되고 하루가 저물면, 서쪽 하늘에 떠 있던 해는 수평선 너머로 내려갔다. 그리고 고요한 어둠이 부둣가에 서서히 자리를 잡는다.

내가 지금껏 와온을 찾는 이유는 이런 모습들을 보기 원해서였다. 아주 간단하고, 명료하다. 서술어도 없는, 형용사도 없는 그 모습이 나는 좋았고, 잊지 못했으며, 내 가슴에 기록되어 있는 와온에 대한 기억, 전부였다.

서론이 길었지만, 이 이야기는 와온을 좋아하는, 순천에서 나고 자란, 내일모레 쉰을 바라보는 청년과 한 장소에 얽힌 이야기다.

나는 종종 심장이 비정상적으로 급작스럽게 뛰었던 적이 있다. 그럴 때면 생각이 과해지고 필요한 정신머리는 항상 모자라게 변해버렸다.

예를 들어, 말을 아껴야 할 순간에 쓸데없이 많은 말들을 한다거나, 손을 내밀 필요가 없음에도 손을 내밀어 소매를 잡는다거나. 그런 식으로 호흡의 박자가 한번 뒤틀어지고 움직임이 꼬여 버리면, 언제나 돌이킬 수 없는 실수가 벌어지곤 했다. 딱 그런 날이었다. 내가 살았던 인생 모두가.

그러다 몇 날이고 마음을 달랠 길이 없을 때, 나는 이곳으로 와 바다 아래로 숨어드는 태양을 바라보며 바뀔 수 없는 나의 어두운 앞날들을 망상했다. 그치지 않고 줄지어 쏟아지는 울음과 울분도 토해냈다.

한번은, 인연이라 착각하고 내 몸뚱이에 여기저기 매듭처럼 묶어 놓은 것들을 손 더듬어가며 일일이 풀어냈었고, 또 어떤 날에는 내 몸에서 스스로 떨어져 내리는 것들이 바다 아래로 가라앉는 것을 가만히 지켜보았다. 물렁한 마음이 움푹 파이던 순간에도, 내 마음에 밝음과 어둠이 공존하던 시기에도, 바다는 입을 꾹 닫고서 방파제에 가만히 서 있는 나를, 소리 없이 머물러 있던 나를 그저 바라만 보고 있었다.

한편으로, 나에게 이렇게 행동하는 바다의 또 다른 속내가 궁금하기도 했다. 내 곁에서 떨어져 나간 그것들이 여전히 밀물과 썰물에 휘말리다, 내 발 앞에 차곡차곡 쌓여 감을 느꼈다. 태양도 집어삼키고, 달빛의 반도 돌려주지 않는 무정하고 시커먼 바다가, 왜 내가 흘려보낸 모든 것들은 집어삼키지 않고 온전히 게워내는지, 왜 나에게만 이러는지.

그럼에도, 나는 그제의 감정을 담은 조약돌을 소리 없이 물속으로 가라앉혔다. 이해되지 않는 바다를 향한 궁금증을 간직한 채로.

　차에서 내리자 내 얼굴로 바람이 세차게 몰아친다. 오늘은 낮게 깔려 있는 파도가 평소보다 높게 일렁인다. 머리 위에 있는 줄 알았던 태양이 잔뜩 흐린 진주빛 구름에 파묻힌 채로 서쪽 수평선 아래로 곤두박질한다. 그때, 솔섬 앞, 수면 위로 고기들이 돋아난다.
　소나무가 비치는 바다, 그 위로 떨어져 내리는 석양의 부스러기를 내내 받으며 살아가던 고기들. 쏟아지는 노을을 제 몸의 무늬로 삼고, 금빛 머금은 물비늘을 일렁이며 오늘도 수면 위를 자유롭게 넘노닌다.

　오늘같이 세상이 붉은색 금빛으로 물들면, 나는 너의 모습을 더듬었다. 너는 그 색을 좋아했다. 나는 그 색에 끌렸던 건지, 그 색을 쓴 너에게 끌렸던 것인지, 그냥 너에게 끌렸던 것인지, 지금은 잘 기억이 나질 않는다.

 캄캄한 밤의 세상 끝에서 솟아오르는 동그란 해가 어두운 세계를 환하고 투명하게 밝힌다는 것을 나는 안다. 다만, 그러한 밝음에 익숙하지 못한 나는, 너를 받아들이는 것에 저항했다. 그때에 너의 눈에는 나의 고집스러움과 불안함이 보였을까? 나의 거짓과 진실, 그 사이에 무수하게 얽혀 있던 망설임 따위를 읽어 낼 수 있을 정도로 너는 영민 했을까?

 내가 입을 다물고 너에게 저항하는 시간이 늘어갈수록, 의미심장했던 우리의 풍경들은 가치를 잃어갔다. 그러나 그때에 나는 아무래도 상관이 없었다. 그저 너는 너 좋은 대로, 나는 나 좋은 대로 행동하기만 하면 그만이라 생각했으니.

 그날을 기억한다. 둥그렇고 푸른기가 비치던 달이 뜨던 밤, 너에게 손을 뻗으면 닿을 수도 있을 것처럼 우리가 얼마나 친밀했는지. 같이의 가치를 알아가던 그 날에, 달빛의 고귀한 흔적은 어디에나 존재했고, 새벽빛에 꺼져버린 별빛의 얼룩마저 반짝였다.

다만, 네가 사라져간 밤. 그날에 바다는 짙은 밤에 가려졌으리라. 홀로 짙은 밤에 가려진 바다는 서운함에 몸서리쳤으리라. 사람까지 잡아먹을 것 같은 사나운 얼굴을 숨기고, 파도는 자라다 만 아이처럼 칭얼거렸으리라. 그날에, 두려운 파도의 징징거리는 소리에, 나는 바다를 안아주려 서서히 달려나갔으리라.

해가 지고 방파제에 남이 있던 온기마저 식어가자, 멀리서 아지랑이처럼 물안개가 피어오른다. 지금의 침묵을 고요와 평화라 말하기보다는, 따분함이요, 무관심한 주위의 시선을 견디는, 굳어 버린 고독이라 말하겠다. 밀물처럼 밀려오는 갈증 덕분에, 아련하게 침잠해 버리는 생각 덕분에 홀로 입술만 적신다. 다만, 이전까지는 무섭고 너무도 버거웠던 고독이 오늘따라 묘하게 몸에 들어맞는다. 더욱 차가워진 대기가 내 피부를 팽팽하게 잡아당긴다. 한 장의 판화처럼 빛이 떠낸 오후의 순간이 어제의 잔상으로 남아 눈동자 속에서 아른거린다.

깊어지는 밤, 몇 겹으로 쌓아 올린 지붕들을 등지고 서 있다. 내 안에 품을 수 없는 희망과 놓아버려야 할 갈망의 가치들이, 저울에 올려놓고 비교해 볼 수 있을 정도로 분명한 무게와 질감을 가져간다.

방파제에 가만히 서서 바닥이 보이지 않는 나만의 슬픔을 가늠해본다. 끝이 보이지 않는, 수평선같이 아득한 미래 또한 앙망해 본다. 어느덧 지금의 외로움은 그리움이 더해져 괴로움으로 변해 간다. 평소와 다름없이 되지도 않는 나의 문장과 나의 무능을 탓하며, 오늘도 깊어만 가는 긴 밤에 민망해 한다.

그저 오늘 밤에는 눈이 왔으면 좋겠다. 눈이 내리면, 와온의 절반이 눈에 덮인다면, 나는 염려스럽던 내 모든 근심과 걱정들을 데리고 부둣가를 산책할 것이다. 태우지 못한 편지와 버리지 못한 운동화, 현상되지 못한 사진과 가식의 마음을 데리고 떠날 것이다. 땅이 꺼질 듯 혼곤했던 심사와 눅진하게 들러붙어 있는 그리움들을 갈색 코트 속에 꽁꽁 싸매고서 길을 나설 것이다. 그리고는 방파제에 앉아 눈 내리는 세상에 스며들 것이다.

매곡아파트

원한 적은 없지만 나는 서둘러 나이를 먹었고, 벌써 내일모레면 쉰을 바라볼 지경에 이르렀다. 나이를 먹을수록, 젊음을 잃어 갈수록 별스런 생각은 많아지고, 염려와 근심은 더욱 복잡해졌다. 고민이 어려워질수록, 별다른 생각 없이 지나던 골목길과 육교, 작은 공원과 카페들에 잠시라도 머물렀다 떠나갔고, 가벼운 마음으로 길을 나섰다가도, 어려운 마음이 들 때마다 멈칫거리며 매일 매일 사라져 가는 기억과 위독한 문장들을 곱씹는다.

어렸을 적, 아마 여섯 살 무렵이었을까. 그날이 생각난다.

"건아야, 머리 자르러 가자."

70년대 말. 기성세대에 대한 반발과 분노를 드러내며 자유를 상징했던 장발. 그리고 그때 당시 장발 단속을 피해 이 골목 저 골목을 누비고 다니던 우리네 아버지들의 모습을 쏙 빼다 박은 듯한 소년의 헤어스타일은, 그늘 밑에서 장기를 두시는 어르신들의 이맛살을 절로 찌푸리게 했고, 소년의 어머니는 가기 싫다며 발버둥 치는 아이의 팔을 잡아 질질 끌고서 이발소로 향하고 있다.

"어머니. 제가 그리 긴 인생을 살아온 것은 아니 오나, 지금 이 시점에서 저의 짧은 소견을 말씀드리자면, 서로가 충분한 의견을 나누기 전에는 어느 한쪽도 함부로 다른 한쪽의 의견을 무시하고 제재할 수 없다는 것입니다."

라며 정중히 말하고서 소년은 길바닥에 드러누워 하늘을 바라봤다. 지금의 발걸음이 계속 이어지게 된다면, 나의 머리카락들은 4월 말경에 잔잔한 바람에도 아주 쉬이 흩날리고 떨어지는 벚꽃들처럼 바닥 위를 노닐며, 이발사 아저씨의 걸음에 사뿐히 지르밟히고 쓰레기통 속으로 사라질 텐데.

하지만 그의 이런 생각들을 뒤로하고, 하늘은 그의 앞날을 예견이라도 하듯 구름으로 어둡게 흩뿌려져 있었고, 근심 가득한 회색빛으로 그를 주시하고 있었다. 생각에 잠겨 한동안 잠잠히 있던 소년은, 결의에 찬 표정으로 '두 발의 자유가 아니면 죽음을 달라!'라고 소리 없는 아우성을 외치며 팔을 있는 힘껏 휘저었고, 존재할 수 없을법한 비명을 세상으로 뱉어냈다.

얼마나 시간이 지났을까? 한바탕 힘차게 발버둥 친 덕에 힘이 빠진 소년은, 그를 고요하게 바라보시는 어머니의 눈동자 깊숙이에서 차가운 심연을 마주할 수 있었다. 잠시 후, 어머니의 손에 이끌리어 다시금 집으로 되돌아가는 소년의 발자국이 아련하게 거리를 수놓고 있다. 그때 소년의 얼굴은 지금의 승리를 기뻐하며 환희에 가득 찬 표정도 아니었고, 자연스럽지 않게 찌뿌둥한 지금의 하늘과 꼭 닮아 다소 진한 어두움으로 구름 져 있었다. 이 말은 오늘 날씨가 별로란 이야기이다.

조금은 따스해진 겨울 오후, 인적이 드문 거리를 정처 없이 걷는다. 산책을 나온 할머니의 좁고 굽은 어깨가 달음박질하는 누런 개 덕분에 한쪽으로 기우뚱거린다. 내 시선도 길에 맞닿아 있는 높다란 담벼락과 간판들에 기우뚱거린다. 나는 드문드문 허공에 매달려 있는 간판들을 담백하고도 조촐하게 읊조려본다. 작업자의 노곤한 손길 덕분일까? 붉은색과 녹색으로 꾸덕거리는 산책로 바닥, 그 위로 그려진 자전거 도로의 표식이 묘하게 뭉뚱그려져 있다.

정처 없이 길을 걷다 어디선가 느껴지는 시선에 순천 북 초등학교 앞에서 발걸음을 멈추었다. 별량면 수덕리에서 나온 뒤, 순천 도심권에 처음으로 정착해 살던 곳은 매곡동 주공2단지였다. 그때는 그냥 매곡 아파트라 불렸다. 그곳에서 사랑하는 누나와 나는 선교원을 다녔고, 누나가 북 국민학교에 입학을 하고 1년이 채 지나기도 전, 우리 가족은 연향동으로 이사를 가게 됐다. 그리고 그다음 해 나는 부영 초등학교에 입학했다. 그 말인즉슨, 사랑하는 누나와 나는 격하게 세대 차이가 난다는 말이다. 우리 누나는 국민학교 세대, 나는 초등학교 세대. 그럼 뭐하나. 이러나저러나, 우리는 둘 다 내일모레 쉰을 바라보고 있다.

아무튼, 오랜만에 마주친 담장의 시선이 무례하게 짝이 없다. 담은 감정이 없어 무뚝뚝한 사람의 표정과 꼭 닮아 있었고, 빈틈 따위를 비출법한 창문도 없었다. 담장 위에 세워져 있는 철조망은 시선을 낮게 깐 눈꺼풀 같았고, 그 위로 회색빛 감정을 숨긴 채 말라비틀어져 가는 담쟁이 넝쿨들은 그늘을 짙게 드리운 속눈썹 같았다.

　그와 더불어, 가로수들도 위압적으로 높게 솟아올라 있다. 가로수들은 매해 여름이면 무거운 초록으로 길가와 담장을 덮었을 것이다. 나무가 허공을 오르며 태양을 가릴 때, 벽을 붙잡고 있던 담쟁이 넝쿨들도 중력과 처절하게 싸우며 쉬지 않고 스스로 자랐을 것이다. 비가 오나, 눈이 오나, 생존을 위해 담장을 올랐을 것이다. 가로수를 뚫고 하늘로 오르지 못한다면 자신의 내일이 없다는 것을 알기라도 하는 듯, 두려움에 떨며 하늘로 올랐을 것이다.

　생존의 경쟁에 밀리지 않으려는 날카로움을 아직까지 간직하고 있는 그것들의 곁을 유유자적 걷는다. 넝쿨들이 알아볼 수 없는 내 글씨체와 똑 닮은 모습으로 휘갈겨져 있다. 그 모습이 안쓰러워 마음이 울컥하다가도 담담한 척 계속해서 길을 걷는다.

언젠가 인생이 예고 없이 갑작스레 나를 향해 '쏟아진다.'라는 느낌을 받을 때가 있다. 몇몇 사람들은 그것이 버거워 바닥에 내쳐지기도 한다. 어제는 갑작스레 당첨된 쓸모없는 경품처럼, 허무함이 날을 골라 찾아왔다. 어쭙잖게 사방으로 쏟아지는 감정에, 당차던 이전의 각오들은 연기처럼 흩어져 버렸고, 내 생각의 결말은 주위의 모든 것에 질투하고, 시샘하고, 슬퍼했으며, 시기했고 더러는 미워하고, 절망하고, 분노하다, 자책하며 아파했다. 그러던 중에도 내 입에서는 신음조차 새어 나오지 않았고, 고통에 몸부림치는 것조차 사치스럽다 느껴졌다.

　언덕을 따라 햇볕에 그을린 주름 가득한 어르신이 노곤한 얼굴로 리어카를 끌어간다. 살짝 기울어진 도로 한가운데서 쉽게 수레를 끌어당기지 못하는 어르신을 향해, 자동차들은 멈칫거리다 사납게 경적을 내던지며 지나간다. 폐지뿐이지만 높다랗게 쌓인 부피만큼 무게가 만만찮은지, 혹은 얼마 되지 않은 무게조차 힘에 부친 지, 술에 취한 것 마냥 온몸을 비치적거리며 걷는 모습이 사뭇 위태롭다. 어렸을 적 길게만 느껴지던 그 길이 순간 짧게 느껴지다가도, 엿가락처럼 길쭉하게 늘어지는 경적에, 또 다시 흘러버린 시절만큼 길게만 느껴진다.

 한참을 걷다 이마 위로 얕게 삐져나온 땀방울을 훔쳐 바짓단에 닦아 낸다. 재개발을 끝으로 크고 작은 건물들이 세워진 뒤 오랜만에 이곳을 왔지만, 다행스럽게도 동네의 터 자체는 크게 변함이 없었고, 어릴 적 뛰어다녔던 골목길의 풍경 또한 여전했다. 슈퍼 앞 오락기에 둘러앉아 웅성거리는 아이들, 적당한 빠르기로 스쳐 가는 자동차와 작은 카페의 모습에 어렴풋하던 옛 추억이 떠오른다.

 미소 지으며 구불구불 이어지는 산책로를 거슬러 오른다. 오랜 세월 자리를 지켰을 늙은 은행나무 옆, 보도블록 위로 포근한 낙엽이 쌓여 있다. 실력 좋은 예술가의 솜씨로 깔끔하게 단장한 쓰레기통들도 곳곳에 심어진 채로 바람에 끄덕거리고 있다.

맞은편 거리는 빵 굽는 냄새로 가득 차 있고, 도로의 자그마한 틈새마다 불법 주차된 자동차들도 들어차 있다. 나는 주위를 두리번거리다 칠이 벗겨진 횡단보도를 서둘러 건넌다. 그 사이, 자전거와 킥보드를 탄 아이들이 도로를 가로지르며 달린다. 아이들은 도로와 인도를 넘나들며 잡기 놀이라도 하는지 꺄르륵거리며 웃음 짓다가도, 다가오는 술래의 모습에 자지러질 듯 소리치며 길 너머로 달음박질한다. 선교원을 마치고 집으로 돌아가던 나의 어린 시절도 저랬을까? 하루를 마무리하고서 저녁을 먹기 위해 집으로 뛰어갔던, 그날의 기분이 몹시도 그리웁다.

상점이 없는 휑한 거리. 해가 진 뒤 주위는 더욱더 어둑해지고, 시간은 공간을 완벽하게 나누어간다. 나뭇가지에 갈라진 가로등은 비출 곳을 잃은 채 한순간 쓸쓸해진다. 내가 걷던 거리는 아주 크고 넓은 치마 같은 어둠에 감싸이고, 나의 그림자는 틈 사이로 깊숙해진다.

어느새 허공에 드리운 푸른 반달이 자전거를 타고 온 집배원처럼 나의 안경을 두드린다. 내 주위에는 어떤 온기의 조각조차 느껴지지 않는다. 오늘처럼, 온도가 없는 나의 밤은 가난했다. 가난한 나의 밤은 모든 것을 잃은 채로 숨 쉬는 방법마저 잊어갔다.

대책 없던 오늘의 나는, 언제나 지금의 하루가 가기만을 바랐다. 그다음 아침이 오면, 어제의 비참하던 내가 모두 사라져 있지 않을까? 혹시 어제와 또 다른 내가 되어 있지 않을까? 어제가 가기 전 꿈꾸었던 소원이 오늘은 이루어지지 않을까? 하는 부질없는 기대 속에 살았다. 거울에 비추이는 허름한 내 모습에 하루를 겨우 살아간 나를 마주하는 일이, 나를 집어삼키려는 듯 부풀어 오르는 차가운 달을 마주하는 것보다 더욱 역겹게 느껴졌다.

　이제 나에게 남은 것이라고는 무언가 이루지 못한 실패자의 고백뿐. 하루 온종일 가슴을 억죄어 오는 우울에서 벗어나려 발버둥 치며 허덕여 봐도, 더욱더 깊어지는 밤안개는 나를 놓아두지 않고 점점 더 깊은 심해로 가라앉혀 갔다.

　침묵의 밤. 손끝 차가워지는 밤. 하늘에 떠오른 푸른 달은 멋있었지만, 그 달에 온도는 없었고, 끝끝내 침잠해 버린 내 감정도 달과 함께 온도를 잃어 갔다.

　어느덧 하늘에 떠 있던 시린 달은 저물고, 희미해진 흉터로 남아 있는 나의 마지막 감정과 습관들에 꽉 닫혀있던 창문을 열었다. 순간, 열린 창틈으로 손끝 찌르르하게 만드는 냉기가 온몸에 덮쳐온다. 새벽의 축축함은 싫었지만, 아침이 오기 전, 그 고요하고 깊은, 꿈에 가까운, 그저 잠들지 못하고, 그저 깨어있고, 그저 먼발치 하늘 앞에 앉아 있는, 그저 시간이 흘러감에 따라 흘러가야만 하는, 그런 새벽이, 그런.

처음과 끝

오늘의 모든 완벽함은 나를 이 순간에 데려다 놓기 위함이었을까?

침대에 누워 있다 나도 모르게 눈이 떠졌다. 빽빽하게 들어선 철제 경량 렉 사이로 어스름한 빛 한 줌이 머물러 있다. 지금까지의 많은 경험으로 미루어 보아, 아직 알람이 울리기에는 한참 이른 시간임이 분명했다. 스르륵 어깨 너머로 손을 뻗는다. 손에 쥔 핸드폰으로 시간을 확인했다. 오전 8시. 너무도 정신이 또렷하다. 인상도 찌푸려지지 않는다. 잠에서 깨면 하루를 시작하는 루틴이라도 되듯, 한참을 침대 위에서 머무르며 뒹굴거렸다. 혹은, 다시금 잠을 청하거나 이불 속에 드러누워 하릴없이 핸드폰만 바라봤다. 하지만 오늘은 아니다. 시간을 낭비하고 싶지도 않았다. 어제완 다른 오늘에, 상쾌한 기분으로 자리를 털고 일어나 서둘러 커피포트에 물을 받는다.

3월 초. 방안을 떠다니는 냉랭한 새벽 공기와 아침 이슬이 천연덕스럽게 나의 살결 위로 치덕치덕 달라붙는다. 나태함 뒤섞인 한숨 길게 뿜어내자 뽀얀 입김이 스며 나오는 것 같다. 일찍이 전원을 켠 커피포트가 토해내는 얄은 수증기 덕분일까? 지금의 애매한 온도가 별안간 딱 알맞게 느껴지는 것 같기도 하다.

　물이 끓는다. 서둘러 원두가 담긴 유리병으로 손을 뻗었다. 공기 한 줌 샐 틈 없이 꽉 닫아 놓은 뚜껑을 있는 힘껏 열어젖힌다. 은근한 새벽안개 같은 고소한 원두 향기가 물씬 풍겨온다. 기다란 계량 수저로 원두 한 스푼 듬뿍 떠내고, 냉장고 위에 놓인 그라인더에 시원스럽게 쏟아부었다. '이제 뭘 해야 하지?' 1초 남짓 머뭇거리다 그라인더의 전원을 켠다. 윙윙거리며 돌아가는 칼날에 원두는 통 안에서 바삭거리다 딱 알맞은 굵기로 쏟아진다. 자그마한 공간으로 군고구마 같은 달콤한 향기가 차오른다. 은근하게 풍겨 나오는 향기가 막혀 있던 오른쪽 콧구멍 끝에 맞닿는다. 부드러우면서도 짙은 꽃향기, 입안을 쩝쩝거리게 만드는 개운한 신맛이 이상적이다. 이처럼 이미 먹어 본 맛이 더 무섭다는 것을 증명이라도 하듯, 잠시 후 목구멍으로 넘어가는 커피를 상상하는 것만으로도 내 입안에 상큼함이 맴돈다.

　데워진 물을 주전자로 살포시 떨어뜨린다. 미리 준비해 놓은 드리퍼를 천천히 적셔본다. 주전자를 통해 흘러나온 뜨거운 물이 드리퍼에 떨어지는 순간, 바싹 말라 있던 종이 필터는 마른 나무껍질 향 같은 냄새를 찰나에 풍기며 촉촉하게 젖어 든다.

　서버와 드리퍼, 머그잔에 차례로 물을 부어 적정한 온도로 데운다. 갈아 놓았던 원두를 드리퍼에 쏟아붓는다. '꼴깍' 입안에 맴도는 군침을 삼키고서, 가는 물줄기를 곱게 갈린 원두 위로 조심스레 흘려보낸다.

굵은 소금 알갱이보다 약간 조그마한 원두 부스러기들. 그 중심으로 얇지만 올곧은 물줄기가 찬찬히 떨어져 내린다. 뜨거운 물과 맞닿은 원두는 더욱더 짙은 고동색으로 변해가고, 내리는 물줄기를 따라 서버의 중심부에서 부드러운 크림 같은 것이, 몽글몽글한 커피 번이 갓 피어난 벚꽃처럼 다채로운 향기를 풍기며 화사하게 피어오른다.

30초가량 뜸 들이기를 마치고 드립을 시작한다. 원두는 자신이 에티오피아의 숨결이라도 되는 것 마냥, 물줄기를 따라 호흡하며 부풀어 올랐다 가라앉기를 반복한다. 예가체프. 피어오르는 향기만으로도 커피의 귀부인이라는 별명이 아깝지 않다. 노블레스 오블리주를 몸소 실현하는 귀족의 품격이란 이런 것일까? 예가체프는 깊은 곳에 감춰놓았던 카페인들을 뜨거운 물에 녹이며 풍요로운 봄의 향기를 차곡차곡 내려놓는다.

커피란, 대지가 탄생시킨 하늘의 작품, 방울져 모이는 향기의 결정체라는 말이 딱 알맞게 느껴졌다. 서버에 쌓여가는 액체가 늘어날수록, 부드러운 향기는 더욱더 진하게 뭉쳐가고 지금의 공간으로 퍼져간다. 달콤한 고구마향과 베르가못의 생기 넘치는 과일 향, 레몬의 시큼함과 살구의 달콤함, 그리고 부드러움. 콧속으로 밀려드는 향기의 향연에 나도 몰래 또 한 번 입맛을 다신다.

드립이 끝난 서버를 오른쪽으로 일곱 바퀴 반 힘껏 돌린다. 커피의 흔들림이 잔잔해질 무렵, 왈칵거리는 검은 물을 머그잔 안으로 아낌없이 때려 붓는다. 컵의 끄트머리에서 넘칠 듯 말듯 찰랑거리는 커피 위로 흰 수증기 다발이 모락모락 피어난다. 기깔나게 먹음직스러워 보인다. 잔을 들고 호호 불어가며 컵의 끄트머리로 조심스레 아랫입술을 가져간다. '우' 하고 입술을 내밀고서 '호로록' 하고 봄의 뜨거움을 입 안 가득 머금어 본다. 나도 모르게 눈꺼풀이 내려앉는다. 깊숙한 곳에서부터 피어나는 향기에 새로운 세계가 눈 앞에 펼쳐진다.

올곧게 뻗어 있는 황토색 길 위로 작열하는 태양이 울창한 밀림을 비춘다. 좀 더 자세히 들여다보자. 삼삼오오 광주리를 이고 가는 남정네와 아낙네들, 그들의 주위를 뛰어다니며 뽀얀 미소를 대지에 흩뿌리는 아이들. 단 한 모금만으로 초원과 어우러진 커피나무의 기운이 피어난다. 두 모금에 커피나무에서 열매를 따고 있는 아저씨와 아줌마들의 모습이 선연히 그려진다. 는 건 거짓말이고, 무튼 기똥차게 맛이 좋다. 내 입에 딱 먹기 알맞은 맛이다. (근데 난 엘살바도르와 코스타리카를 더 좋아한다)

입안을 굴러다니는 은은한 모카 향, 홍차에 레몬을 띄운 것 같은 상큼한 향미, 누룽지 사탕같이 구수하면서도 자두 맛 사탕 같은 단맛이 어우러진, 신맛이 그리 튀지 않아 감미로운 예가체프. 혓바닥 위로 묵직하게 자리 잡은 농밀함이 특히나 매력적으로 다가온다. 더군다나, 따뜻하지 않아도 질감이 부드럽고 잡맛이 없으며, 단맛과 잔향이 은근하게 오래 남아 입안을 풍요로움으로 가득 채워주기에 더욱 만족스러운 예가체프. 느긋하게 커피를 즐기는 '나' 같은 사람에겐 더할 나위 없이 좋은 커피다. 랄까.

지금껏 고대하고 염원했던 상쾌한 아침이었다. 이런 하루를 맞이할 수 있었던 건, 눈을 뜨자마자 확인했던 주식과 코인의 가격이 기대보다 많이 올라서. 라는 이유 따윈 결단코 아니다. 그저, 오늘은 알람이 울리지 않아도 쉽게 눈이 떠졌고, 커피가 맛있었으며, 단지 기분이 좋았다. 랄까.

창밖에는 비가 내린다.

멍하니 내리는 비를 바라보다 느지막이 샤워를 끝마친다. 커피 한 모금 홀짝이고 컴퓨터를 켠다. 지금의 분위기에 꼭 알맞은, 멜랑꼴리한 나의 감성과 어울리는 슬픈 이별 노래를 관심목록에 차곡차곡 담는다. 온기 한 줌 피어나지 않은 습습한 이곳에 누군가의 간절함 저며 있는 작은 속삭임이, 구성지고 애틋한 음성이 찬찬히 그리고 느릿하게 울려 퍼진다. 달의 중력이 바닷물을 끌어당길 때, 바닷물은 아무런 저항 없이 해변으로 밀려오는 것처럼, 중력에 이끌리어 달팽이관 속으로 잔잔한 속삭임들이 가까워진다. 스스럼없이 왜곡된 공간으로 노래가 밀려든다. 울적하고 습습한 노래가, 방울져 내리는 빗망울 덕분에 살짝 뭉그러진 공간의 틈 사이로 켜켜이 쌓여간다. 부르는 이의 애절하고도 구슬픈 떨림은 바람 한 점 없는 이곳에서조차 서글픔을 일렁이게 했다. 스프레이 덕분에 꼿꼿하게 굳어 있던 나의 머리칼마저 찰랑거린다. 위태롭게 놓여 있던 커피잔 속에 물비늘 같은 파문이 일어난다. 기분 좋은 떨림이 커피의 바디감을 더욱더 풍요롭게 만든다. 역시, 비싼 돈을 주고 믹서가 달린 스피커를 산 보람이 있다.

창밖에는 여전히 포근한 봄비가 내린다.

평소 비가 오는 날에는 홀로 의자에 앉아 울리지 않는 핸드폰을 바라봤다.

누구도 방문하지 않아 텅 비어버린 매장에서, 안타까운 시선들만 떠다니는 이곳에서 외로움과 마주하고 쓸쓸함을 세었다. 때때로 공허한 기분에 손가락을 꼽으며 손님의 숫자를 헤아려 보려 했지만, 통장 잔액에 찍혀 있는 유일한 숫자 0처럼 셀 수 없었다. 오랜 시간 동안 아무것도 하지 못하고 가만히 있던 나는, 혼자서는 아무것도 하지 못하는 가마니가 되어갔다.

허나, 오늘따라 울리지 않던 전화가 울린다. 평소보다 많은 손님이 나의 매장을 방문한다. 오늘은 방문한 손님들을 손가락 꼽아가며 셀 수 있어 참 다행이었다. 만족스러운 표정으로 마지막 손님까지 배웅하고서 맛있는 다이어트 도시락을 먹었다.

평소 가지가지 하는 걸 좋아하는 나는, 기지개 한번 켜고 이 전에 찍어놓았던 영상의 편집을 시작한다. 모니터를 바라보는 시간이 길어질수록 나의 눈두덩이는 뜨겁게 달아오른다. 목 뒤 승모근에서 시작된 작열감은 경동맥을 타고 후두부로 빠르게 쏘아진다. 결국, 후두동맥에 다다른 통증은 뒤통수를 후려갈기는 고통으로 변모했고, 좌우로 퍼져 나갔다. 양쪽 전이개동맥을 통해 관자놀이, 상활차신경과 하활차신경, 누신경의 눈꺼풀 분지까지 모조리 불태울 것처럼 격하게 타오른다. 덕분에 평소 잘 굴러가지 않는 두뇌가 더욱더 더디게 회전한다.

눈앞에 보이는 세상이 느려진다. 값비싼 스피커에서 흘러나오는 내 목소리가, 발음들이 알아들을 수 없을 정도로 뭉개진다. 깜박이는 모니터 속으로 눈알이 빨려 들어가는 것 같다. 소리는 귓바퀴에 머물지 못하고 아득한 너머로 흩어진다. 두통은 머리를 반으로 쪼개 버리려는 듯 도끼질을 이어간다. 아프다. 아침부터 너무 부지런히 움직였던 탓일까? 철학자 겸, 수학자 겸, 물리학자인 데카르트는 평소 몸이 약하고 잠이 많았다고 한다. 그러던 그가 스웨덴 여왕에게 강의를 부탁받았고, 새벽 5시부터 시작되는 수업으로 인해 과로사해 버린 이야기가 뇌리를 스친다. 나는 그보다 좀 더 오래 살고 싶다. 이제는 진정으로 쉬어야 할 시간이다.

온종일 비가 내린다. 아니 내렸었다. 창밖을 보니 어느새 비는 그쳐 있다.

평소에는 산책을 그리 좋아하지 않는다. 하지만, 평소와 다른 오늘이기에. 겉옷을 챙겨 밖으로 나와 무작정 걸었다.
건물 밖은 생각과는 전혀 다른 세상이었다. 차갑게 식어 있는 밤공기는 긴 시간 동안 모니터의 전자파에 삶아지고 있던 내 눈가로 청량감을 선사한다. 계절이 계절인지라 비가 온 뒤에는 날씨가 포근해질 거라 생각했다. 허나, 당연함이란 이 세상에 존재하지 않는다는 것을 증명이라도 하듯, 기대했던 날씨 따윈 이곳에 존재하지 않았다.

북녘 아라사에서부터 밀려왔을 한랭 건조한 시베리아 고기압의 영향 덕분일까? 계절에 맞지 않게 습습한 기운과 냉랭함이 더해져, 당당하게 풀어헤쳐 놓았던 나의 옷깃을 단단히 여미게 만든다. 어깨 한번 으쓱하고서 들이닥치는 바람을 마주한다. 주변을 맴도는 바람은 차가웠지만 내 얼굴 언저리에서 나긋하게 살랑거린다. 어느샌가 입가에 배시시 한 미소가 번진다. 바람은 저 멀리로 불어가지 않고 쓸쓸할 뻔했던 밤 산책에 길동무 되어 어딘가로 함께 걸어갔다.

　석양은 빌딩 숲 너머로 흔적도 없이 사라졌다. 비가 그친 뒤, 짙푸르러야 할 밤하늘에는 뭉쳐진 지우개 똥 마냥, 중력에 이끌리지 못한 비구름들이 몰려다니고 있다. 똥 덩어리 같은 구름은 하늘에 엉겨 붙어 터줏대감 노릇하던 별빛조차 지워버린 듯하다.
　갈 곳을 알지 못하는 나그네의 앞길을 밝게 비추어야 할 별들이 사라진 밤. 갈 곳을 찾지 못한 나의 발걸음은 어스름한 골목으로 향한다. 흐릿하게 깜박거리며 나를 인도하는 네온사인을 길잡이 삼아 앞으로 나아간다.

　주변 비어 있는 공간마다 빈틈없이 비집고 들어앉은, 잡초처럼 머물러 있는 자동차들. 그 사이, 텅 빈 도로 가운데를 흐느적거리며 걷는다. 점점이 사그라드는 불빛들을 뒤로하고, 더욱더 깊숙한 어둠을 향해 거침없이 나아간다. 가장 짙은 어둠도 가장 흐린 빛에 사라진다지만, 칠흑같이 어두운 동굴 속, 절벽 같은 어둠에 간간히 깜박이던 주황빛 가로등 불은 힘을 잃고 짙푸른 밤의 향기에 아득히 젖어간다. 걸음을 내디딜 때마다 어둠은 더욱더 짙어졌다. 비릿한 밤 냄새가 굳게 움켜쥔 옷깃 너머로 급하게 스며든다. 인적 드문 골목길, 품 안으로 파고드는 스산한 두려움을 손을 들어 강하게 털어낸다. 풀밭 위로 스삭거리며 바람이 흐른다. 어디에선가 아련하게 풀벌레 소리가 들린 것 같기도 하다. 잠시 멈추인 걸음을 다시금 옮겨본다. 무겁게 내려앉은 어둠을 벗 삼고, 귓가에 꼽힌 이어폰에서 들리는 쓸쓸한 이별 노래에 발맞춰 힘차게 동천가로 향했다.

늦은 밤. 묵직한 바람 한 무더기 머물렀다 떠나갔는지, 빗방울 뭉쳐져 있던 나뭇가지가 후두둑 하며 흔들린다. 비껴진 구름 사이로 어슴푸레하게 뭉둥 그려져 있는 손톱 달이 위태롭다. 청회색 빛 비스 무리한 구름에 반사되어 달은 평소보다 더욱 일그러져 있었고, 을씨년스러운 눈빛으로 세상을 비춘다.

비가 온 뒤 어둠이 짙게 내린 동천은, 짧은 인생을 살아오며 산전수전을 다 겪은, 감정이 메마른 사람들까지도 눈물 열두 방울쯤 찡하게 복받치게 만드는 사연을 가진, 목젖을 들썩이며 비통한 낯빛과 애절한 목소리로 구성진 노래 한 가닥 뽑아낼 수 있는, '나' 같이 감성적인 사람들만 오는 곳이라 생각했다. 허나, 얼굴조차 알 수 없게 마스크를 잔뜩 올려 쓴 사람들의 웃음소리가 내 어깨에 와 닿는다. 기대했던 처연한 감정과 애절하고, 서글프고, 차갑고, 냉랭하고, 실연의 아픔과 비애, 고통, 슬픔, 비극, 애석함, 설움, 분통, 애통, 비탄 따위는 느껴지지 않았다. 삼삼오오 까지는 아니더라도, 둘둘 씩 짝지어진 연인일지 인연일지, 가족일지 족ㄱ아 아니.. 무튼, 나만 혼자다. 나만 처연하고, 애절하고, 서글프다. 사람들이 웅성거리는 그곳에서 나 혼자만 어정쩡한 웃음조차 지을 수 없었다.

무거운 발걸음으로 길을 걷는다. 순간 뒤돌아 바라본 발자국에 슬픈 냉소의 흔적들이 희미하게 어리어 있다. 거리를 배회하는 매 순간 내부에서 떨어져 나간 상처의 얼룩들이 엉기어 있다. 슬프다. 외롭다. 허나 이런저런 복합적이고 추상적인 기분 따위는 뒤로하고, 동천 둑방으로 한 발짝 다가간다. 불현듯 달콤한 추억의 향기가 나는 것 같기도 하다. 두 발짝 더 가깝게 다가간다. 산책로는 가로등 덕분에 밝음과 어둠이 공평하게 공존했다. 세 발짝 더

다가가며 발 앞꿈치에 고정되어 있던 시선을 들어 하늘을 바라본다. 하지만, 무언가에 꽉 막혀 있는지 하늘의 모습은 보이지 않는다.

황홀의 찰나. 밤 그늘 언저리에 걸쳐 있던 냉랭함이 아늑한 달그림자 속으로 천천히 파묻힌다. 눈동자 속으로 따스한 무언가 스며든다. 달콤한 꿈같은 것들이 산책로 위를 유난스럽게 휘날리며 돌아다니다 눈송이처럼, 더러는 낙화처럼 쌓여간다. 잡으면 이내 녹아내려 사라지든, 투명한 물방울로 변해버릴 것 같은 눈송이가, 야드르르하게 잔결지다 하늘로 솟구치며 거리 위를 풍성하게 흩날리고서 분분히 떨어진다. 검은 구름이 얕게 드리운 하늘 아래로 핑크빛 따스함이 나비처럼, 손재주 좋은 화가의 찬란한 문양처럼 용솟음치듯 일렁인다. 풍성한 꽃잎 사이로 시원한 초록빛들이 뾰족뾰족 돋아난다.

가슴이 웅장해진다.

구름에 지워지고 어둠에 사로잡혀 빛을 잃어버린 별들을 대신해 내 동공의 시작과 끝, 시선의 처음과 나중까지도 이름 없는 별자리들이 빼곡히 들어차 있다. 여백의 미 따위는 안중에도 없는 것 마냥 허공을 잠식하고 지금의 하늘을 더욱 풍요롭게 수놓는 꽃잎들이, 공허한 하늘 위에서 흘러넘치며 은하수처럼 광활한 눈부신 백색으로 세상을 맴도는 꽃잎들이, 눈물 나게 시려운 쓸쓸함과 적절한 균형을 이룬 채 가장 아름다운 순간으로 세상 가득 머물러 있다.

온 가슴으로 헤아려도 감히 헤아릴 수 없을 만큼의 장관적인 광경에 잠시 울컥하다 막막한 기분이 든다. 더군다나 막연한 기분도 함께 밀려온다. 목구멍 아래에서 무언가 커다란 것이 움찔거리며 치고 올라와 숨이 턱 막힐 것 같으면서도, 희미한 틈 사이로 어떤 뜨거움이 왈칵거리며 치밀어 오른다.

아. 아아..

지금의 순간이 흐르는 강물에 녹아들어 야속하게 멀어져 간다.

아마 오늘의 모든 완벽함은 나를 이 순간에 데려다 놓기 위함이었나보다.

에필로그

 들꽃 한 다발 같은 인생처럼, 치기 어린 청춘처럼, 아무도 주워가는 이 없이 바람결에 휩쓸려 세상 언저리 즈음 돌고 돌다, 세계의 서쪽과 북쪽 끝자락에 내 발자국 찍어 놓고 돌아왔노라. 는 사실 하나만을 평생 추억하며 그저 그렇게 살아가기는 싫었다. 그래서 두 번째 책을 쓰게 됐다.

 여타 다른 문인 선배님들의 작품에 녹아 있는 환상적인 이미지에 커다란 영향을 받은 나의 상상력은, 더욱 높은 곳을 추구하려는 본질적인 충동에 사로잡혀 독자들에게 너무 많은 것을 보여주려 했고, 나의 글로 많은 이들의 무거운 납빛 저녁을 환하게 비추길 원했다.

 허나. 어처구니없이 모호한 나의 상상력 덕분에, 내 생각들은 무질서한 문장보다 앞서갔고, 기록되는 모든 언어는 한계에 부딪혔다. 글을 적어 갈수록, 책이 완성되어 갈수록 무력함에 따른 죄책감들이 함께 축적되어 갔다.

 내가 쓴 글을 제외한, 다른 모든 이의 글에는 뿌리가 있어 살아 생동하는 무언가 같았다. 내가 적은 글들은 뿌리도 없이 무늬만 그럴듯하게 그려 놓은 가짜. 대충 잘 꾸며놓은 거짓의 문장이었으며, 불필요한 형용사나 수식어가 붙지 않은 담백한 문장은 단 한 줄도 적어 낼 수 없었다.

 더군다나 주인공마저 없는 나의 글은, 결국엔 이해할 수 없는 아득한 정신 세계로, 읽히지 않는 문장들로 입안에서 옹알이 지다 내 넋마저 놓아버렸으며, 종국에는 형용할 수 없는 어색한 느낌들만 머물러있는 책으로 겨우 완성 되었다.

 이번 두 번째 작품을 나의 주변 지인들이 읽을지는 모르겠다. 다만 너무 아픈 비평만큼은 말아줬으면 한다. 지금의 나는 이런 글밖에 쓸 줄 모르지만, 그래도 또 조금은, 처음보다는 나아지지 않았는가? 그러니까, 내가 하고 싶은 말은.
 확정되지 않는 불확실성투성이인 세상 속에서, 처음보다 조금은 더 나아지는 것. 이것이 내가 꾸는 꿈이라 말 하고 싶다. 그리고 이제는 더 이상 덧붙일 문장은 없다.

 동천에서, 죽도봉공원에서 보자. 서로에게 하고 싶은 이야기가, 미처 적어 내지 못한 이야기가, 차마 글로 적어 내지 못한 이야기가 너무도 많다. 너는 어떤가? 너도 나에게 할 말이 남았는가? 너의 이야기를 듣고 싶다.

 너는 어떤가?

 너는.

달리..길

초판 1쇄 발행 | 2022년 3월 31일

지은이 | 박건아
발행인 | 장문정
발행처 | 문예바다
　　　등록번호 | 105-03-77241
　　　주소 | 서울 종로구 삼일대로 30길, 21(종로오피스텔) 611호
　　　전화 02) 744-2208
　　　메일 qmyes@naver.com

ⓒ 박건아, 2022. Printed in Seoul, Korea

ISBN 979-11-6115-168-7

* 이 책의 판권은 지은이와 출판사에 있습니다.
  양측의 서면 동의 없는 무단복제를 금합니다.

* 책에 나오는 장소의 세부 정보들은 네이버 지식백과 및 사전을 참고 하여 작성 하였습니다.